発達につまずきを持つ子と身辺自立

基本の考え方と指導法

湯汲英史
編著
武藤英夫
田宮正子
著

大揚社

もくじ●発達につまずきを持つ子と身辺自立

第4章・指導の実際　着脱 …… 137

序章

身辺自立再考

身辺自立再考

子育てが楽になった、という実感。この実感は、子どもに「手がかからなくなる」あるいは「手が離れていく」につれてわき起こり、強まっていきます。この手とは、介護・介助に要する実際の「手間」のことであり、手間が減ったりなくなったりすれば当然、楽になるわけです。とは言うものの、目に見える手間ばかりではないのが子育て。幼児にあっては日々の成長のことや次なる小学校のこと、小学校になればその次、青年になれば進学や就職と次々に思い悩まされます。見える手間よりも、見えない手間のほうがよっぽど深刻だったりして……と、話を広げていくと際限がなくなるのがまた子育て。なかなか楽にはならない話のようです。

さて、ここでのテーマは身辺自立。まさに実際「楽になるための一冊」です。

まず、ハンディキャップを持つ子とは、について経験からお話ししましょう。もちろん、性格もあれば趣味嗜好も違う人間のこと、たとえハンディキャップがあるからといって、一緒くたになんかとてもできません。失礼でもありますし、だから、たった一つの面だけを語ることにします。

不思議と子どもは素直です。素直だから、親の、おおよそ他人様には使わない口調や言葉、あるいは手足の少々過激な振るまいにも健気に耐え忍び、その隙間を縫いながら、シコタマいろいろなことを学んでいきます。身辺自立のワザもその一つ。しかし考えてみれば、ああも「はやく、はやく」とせかされ、悪口雑言のかぎりを浴びながら、といってできたとしてもほめられもせず、といった状況でよく学べるもの。感心します。

大人になれば、とうに忘れてしまっているそんな素直な心。この素直を大きくなっても持ち続けるのが、ハンディキャップを持つ子です。環境さえよければほぼそう。他人を疑わず、刻苦奮励に努め、そして情愛と親切の人です。人間の一生のなか、一時期豊富にある素直な心、それが美質として消えずに残り、その人格が周りの人達にぬくもりを伝えることさえあります。

ここまで読んでまだ、「ウッソー！」と思っている人。もしも目の前の子が身辺自立のワザ習得に素直じゃなかったら、それは環境がよくない。では、なぜ素直になれないのかについて、二言三言。

まずは、本来素直なるがゆえにアッチコッチ飛び交う口出し・手出しにご本人ゆれまどうこと。教え方はきちんと整理しなくちゃいけません。

さらには、わが分をこえた無理難題にも答えようとしてパンク・自滅すること。子の窮状を推し量り、教えるほうこそ相手の力を見抜く要あり。子どもの見方・考え方にこそ、常に思いをはせていなくてはなりません。適切な目標設定は大人の任務です。

そしてさらには、これはワザの伝授ですから相手の体の動きに、常に目配り・気配りの心が肝要。素直なるがうえに素直なゆえに、手足をいろいろ動かされても「痛い」とも「動かせない」とも言えない子達です。

乳児期の学習

乳児心理学の研究成果はめざましく、生後間もない赤ちゃんでも、動く物をゆっくりと追視したり、人間の顔を識別したりできることは、テレビなどで紹介されご存知のことでしょう。

高度な認知機能を持ち、刺激を受け止めながら学習していく能力を持つ赤ちゃん。生まれた時は立てず・歩めず、食べ物を探すことさえできない未熟な存在が、ほぼ一年で生理的な成長に自己学習を加えながら、それらの力を獲得していきます。認知面では、言葉に反応し発声する、自分の体を発見するなど、基礎的な力が芽吹く生後一年。

しかし考えてみれば、寝たきりの状態から立ち、歩み、両足跳びができるようになり、走ったり、スキップなどリズミカルに体を動かせ、五、六歳になればナワ跳びや跳び箱までできるようになるのですから。これが生まれて六、七年の間のこと。ここで発達のスピードが失速せず、この調子で成長しつづければ、人間ヒョットしたら空だって飛べるようになるのかもしれないと思ったりもします。何しろ、人にとってこの時代、激変成長期です。

さまざまな発見—体、人、そして人との関係へ

乳児期の発達には、いくつかの節目があります。まずは、「微笑み返し」。どの程度まで、人を意識しているかははっきりしませんが、人からの「微笑み」に対して「微笑み」が赤ちゃんにも浮かびます。

次には、ガラガラなどを握り振る内に生じてくる「体の発見」。原始反射にはさまざまありますが、一

定の時期を過ぎると消えていき、それに合わせ意図的に自分の体を動かせるようになります。原始反射は、体を発見させるための自動運動なのかもしれません。寝たきりであったなら、自分の体は発見できませんね。

　一つの衝撃なのではないでしょうか、赤ちゃんにとってわが手の感触・動きは。だからかざしてじっと見つめる。その場面は、神秘感が漂うものであり、まさに「不思議の発見」をしているようです。

　そのあとに、物（おもちゃなどを含めて）を与えてくれる、いろんな動き（たかいたかいといった遊びなど）をさせてくれる、それらのことを通して、物とのつきあい方や自分の体のことを教えてくれる「人」が浮かび上がってきます。微笑み返し期の意識とは違った認識を人に持ち始める。その人には、相手してくれるほどに結びつきを強め、他の人とに差異が生じてくるのでしょう。それが八カ月不安となって現れる。

　この頃より、人とやりとりする力は飛躍的に増し、「バイバイしたり」「泣かずにほしい物を示せたり」「ちょうだいに応じたり」「指さされた物を相手に渡せたり」するようになっていきます。

　始めに「人の発見」つぎに「体の発見」、それから人とのやりとりといった現実には見えない物への意識、「人との関係を発見」するとでも言えるのでしょうか、そういった発見を日々の成長とともに進めていきます。

　舌にいつも指を触れさせているというように、「体で遊んでいる子」は、体の発見が広範囲に進んでいかず、そこに留まっているのでしょう。特定の物と、おおむねワンパターンのくり返しといった動きで「遊んでいる子」は、なかなか他の物を探し出せずにいるのでしょう。人からの働きかけに泣いて拒絶する子は、人との関係のあり様、取り方がわからないのでしょう。

　一つひとつの「発見」こそ、次の段階に進むために必要であり、それを曖昧にしていると、「何となく走れる」ままに、実は混乱が火吹き出してくるのでは、と思います。

三項関係

学びの第一歩が始まるこの乳児期後期には、有名な「八カ月不安」が起こります。「人見知り」と言われる分離不安。乳児は母親など養育にあたっている人以外の人に抱かれたり近づかれたりすると、泣いていやがったりします。この時赤ちゃんは、自分にとっての「特定の人」を発見し、その人に依存することを覚えていきます。

人を発見したそのあとに、「ちょうだい」という言葉に反応し、たとえばおもちゃを他の人に手渡せたり、指さしされた物を目で追ったりという、モノを間においての人とのやり取りや共感がはっきりとしてきます。赤ちゃんと他の人間、それからモノという三項関係の成立です。

三項関係の成立は、言葉を始めとしていろいろなことを学んでいく力の基礎にあります。これが未確立だと、子どもが人から学ぶことはおぼつかなくなります。また、曖昧であれば、たとえば言葉に正しく反応したり、ちゃんとまねたりしながら理解の世界を広げていくことが難しくなるでしょう。

乳児期にもある学びへの欲求。この「知りたい・わかりたい」欲求が止められたら……情緒的な不安定・混乱の原因の一つが、そこにあるのかもしれない、と思わされます。

三項関係に問題がある、このことは身辺自立の学習においても、スムーズにいかないことにつながります。「ちょうだい」に応じられるようにすることは、この三項関係に気づかせる始めの課題といってもよいと、さまざまな子達との付き合いを通し、強く思っています。

言葉と他人の存在

脳の機能から、人間のさまざまな活動をとらえ直そうとしている養老猛司さんは、「脳という劇場」(青土社) のなかで「言語能力を持つというのは人間の一つの特徴ですけれども、言語自体は自然のままなら、なくたって不思議はないんです。たった一人で暮らしている人間がぶつぶつ独り言を言うようになって言語ができるかというと、どうもそれは (中略) ないんじゃないか。やっぱり他人の存在が前提になっている。僕は言葉というのは、無理矢理教え込むもので、強制のはじまり」と語っています。それとともに、言語の基礎には、それを獲得するための脳の構造が必要としつつ、それが絶対的な前提とはせず、「教え込まれる」ことと、「言葉獲得のための脳の構造の成立」とは同時に起こる過程かもしれないと「唯脳論」(青土社) で述べています。

この論のなかで重要なことは、言語は「一人だけの世界」だったら成立せず、その発生には他人への意識が不可欠なこと、それとともに共通の言語でなければ通じないわけで、言葉として機能するためには結局、他人の使う言葉に感覚を、そして自分の発声を合わせざるを得ない点だと思います。

そして、その過程のなかで言葉のための脳の構造ができていきます。

ちょうだいと他人への意識

集中して「ちょうだい」の練習をすると、安定してやりとりができてくる子が多いのは事実です。通常は、椅子に座り机をはさんで対面します。多動な子がほとんどですが、おおよその場合、右手なりを押さえていれば立ち上がれなくなるようです。これは体をひねることが弱いことや、あるいは「手は脳の出先機関」と言われることとも関係があるのでしょう。立てないと体をくずして、椅子からずり落ちてこようとしてきますが、前足でブロックして姿勢をくり返し正します。これは手元がよく見えるようにするためです。

この状態を保持しながら向かい合います。そして、子ども達ができる、できれば好きなこと、たとえば、「型はめ」など目で見てやれることを中心に、こちら側の「ちょうだい」に応じさせます。渡す物は、型はめの一片だったり何でもいいのですが、指差し、ちょうだいサインを作り確実に手渡すことを教えます。あるいは、こちらが指差しした所に、はめさせたりします。多くの場合、子どもは始め混乱しますが、三十分もやっていれば、こちらの意図が「わかって」きます。

人→体→物→人との関係を順次発見しながら乳児は発達していくと前に述べました。そして発達上のつまずきとは、それらを発見しきれないことと、関係するのではないかと語りました。それをひきずっていくために、学習がすすまないことはもちろん、それ以上にさまざまな問題行動につながっていくのでは、と思います。

ちょうだいの練習は、それらの不十分な力を確実にするための第一歩です。特に、見ることができない「人との関係」を発見させるためです。同じ言葉を、サインを繰り出しながら、一回も逃さずきちんと応答することを教えます。そうして相手への、そして言葉への意識を、確実なものにしていきます。

もっと学ぶ機会を

スムーズに発達している子の場合、物を発見し、ちょうだいなどを通じて、人とのやりとり法を学んでいきながら、人の使う物、特に身の回りの物に興味を示してきます。スプーン・帽子・パンツなどです。自分でそれらの物をつかんだり、投げたり、しゃぶったりする姿は、体全体でそれらの物の特性を吸収しているかのようです。そうしながら、周りの大人や子どもの使い方などを観察します。三項関係がはっきりしてきた子どもは、見ながら覚えたことを自分でも再現したくなり、やれない時には「できない、教えて」を、しぐさやカタコトで相手に伝えます。

発達にハンディキャップのある子でも、始めできないことはふつうの子と同じなのですが、周りの動作をまねてその動きを自分で取り込んでいったり、「教えて」という表現で教えを乞う姿がなかなか出てきません。このために、身の回りの物を発見したり、それらの使い方を学ぶチャンスがきわめて少ない状況になりがちです。本来ならば、理解する力が弱ければ弱いほど、学ぶ機会を増すべきなのにです。

記憶する力

一方で、記憶の力は働きます。記憶についてはさまざまな分類法があります。時間で分類すると、たとえばテーブルの上にみかんがあったとしましょう。「みかんがあった」と一瞬覚えるのが短期記憶、おおよそすぐに忘れてしまう種類のものです。

みかんについての属性・知識（黄色い果実で、あたたかい地方でとれるなど）や、みかんがらみの自分の体験などを頭のなかに蓄えるのが長期記憶。

この記憶ですが、覚える対象によってはハンディキャップのある子の方が、私達よりも短期記憶が優秀だったりします。また、体験的に、一度覚えたことは忘れない子がほとんどで、長期記憶はしっかりしていると感じさせられます。こういったことから、記憶そのものについては問題はないという研究者もいます。

記憶の分類のなかで、手続き記憶というものがあります。たとえば、寝ぼけ眼でも着がえたり歯みがきができますね。つまりは体がその動きを覚えているので、脳が一つひとつちゃんと指令を送らなくても自然に動いてしまう、こういった「一連の動きの記憶」をそう呼びます。この手続き記憶もまた、多くのハンディキャップのある子については問題がないと言われています。

マイナス記憶

昔の話ですが、たまたま旅行をしていて、ある旅館で知的障害の青年達と出会いました。施設の人達で、その旅館でいつもは別々に暮らす親達と合流し、親子旅行の機会を作ろうと施設側が企画した旅とのことでした。

青年達の入浴、食事の場面を側で見ていたのですが、何人もの大男は突っ立ったまま、あるいは座したまま手を動かしません。着がえさせ、体を洗い、スプーンで食事を口に運ぶのは親。

ある青年は、施設では多分いろいろなことができるのでしょう、先生が見かねたのか箸を持たせようとしました。で、パニック。それが連鎖してただならぬ騒ぎとなりました。

この場合、わがままというのはあてはまらないでしょう。その青年が記憶する親との入浴・食事での手続き記憶は、親がすべてやってくれるものであり、「これでいいの！」とばかり過去体験からなかなか抜け出られない彼らのこと、箸の提案は不安を引き起こすものだったのでしょう。

私達も、食事の際に急に箸でなくて手で食べろ、と言われたらとまどいます。そのとまどいを、何とか繕う術を知っているのです。が、彼らは表現不足の上に人の目をさほど意識しない、だからパニックへと一気呵成、エスカレートしていきます。
言うなれば、周りにとっても、結局は傷ついてしまう本人にとっても、この場合記憶はマイナスに働いてしまいました。

社会生活とマナー

ちょうだいがわかり、やりとりが、そして学びへの構えが出てくると、あわせて取り組みへの集中力や持続力も高まってきます。一度覚えたら修正・変革がききづらいという特性を押さえ、マイナス記憶を蓄えないように留意して、こまめに身の回りのことを教えていきます。

Ｔ君はもうすぐ二十歳。ある工場で働いています。彼はお昼が大嫌いです。というのも、会社から支給される仕出しのお弁当を、一応箸を使って食べることは食べるのですが、ボロボロこぼしてしまうからです。これが同僚のヒンシュクを買い、一緒に食べていると、「きたない」と言われてしまいます。それを言われたくないために、お昼に手をつけなくなりました。そうしたら、午後からはお腹が空いて仕事に集中できず叱られっぱなし。就労意欲は減少、ついには出社拒否。

実は、彼の拒否理由ですが、本人も心に痛みがあるものですからなかなか話したがらず、何が本当かわからず苦労しました。断片的に語る本人の言葉や、工場の人との話でそれがやっとわかりました。思わぬことが理由でした。わかったからよかったのですが。

彼はいま、家で食事練習を行なっています。食べる時に、頭をやや前傾にして食べ物を口に運び、きちんと口唇を閉じて噛むこと、お弁当箱を持って食べることなど細かく家族からチェックされています。一度覚えた食べ方を、二十歳になってから改善するのは本人も難しいでしょうが、頑張って取り組んでいるとのことです。工場でも理解がすすみ、元気に出社しています。

子どもの事情・子どもの世界

スムーズに発達している子どもは、「どうしてやらないの！」という叱責に対して、事情を説明できます。「(いま) 眠いから」「(知らないところで)チョーびっくりしたから」「(相手が)怖かったから」などなど。時には子どもの、うるさいなどと言わんばかりの反論に、大人の血圧と声量が急激にアップしたりもしますが。

たとえば「靴下をはく」とか「あいさつをする」などが、いつでも・どこでも・誰とでもできる。これが「本当にできること」であり、これでなくちゃできるようになったとは言えない、という厳格な立場で、つい大人は子どもを評価しがちです。

しかし、子ども達には子ども達の世界があり、それから事情があることでしょう。いつでも「は」、どこでも「は」、誰とでも「は」できない訳があり、人がロボットとは違うのはそんな部分にあるのでは、と思ったりします。その部分でこそ人は「時・場所・人」の違いに対して、自分なりに考える機会を得、そして個性的な対応策を生みだしているのでしょう。

子ども達を見ていると、大人と違ってルーティンワーク化していない行動が多いです。着がえにしろ食事にしろ、いつも「さっさとやればいいのに」と思わされますが、いろんなことに気を取られていく、そんな集中を欠いた、遊びのように見える時間こそが、子ども達に自由に考えることを与え、そのことが新たな知識の吸収・獲得を促進しているのかもしれません。

ところで、ハンディキャップのある子は時として、こちら側がとまどうような拒絶を示すことがあります。抗弁・反論できないために「何が彼の動きを止め、あるいは拒絶させているのか」わからないことがあります。

食べない・着がえない

幼稚園に通うS君は、二学期になって急に食事はとらず、着がえは棒立ちという状態になりました。それまでは、先生から教わり促されながら動いていたのに、です。たまたま担任の先生がかわったこともあり、お母さんは先生に不信の念をつのらせました。

手とり足とりで教わることを通して、自分でスプーンやフォークが使えるようになったり、着脱がなんとかできるようになってくると、子どもは周りを見渡す余裕ができてきます。社会性のある子は特にそうです。

そうしながら、他の子ども達の動きを観察学習（模倣学習）していきます。この時に、普通の子だと観察する時間はスルリと流れ、知らず知らずの内に相手に合わせた協応動作が発生、見よう見まねで動きを吸収・体得していきます。しかし、「まねっこ」が、特に微細な動きの苦手なハンディキャップのある子は、この時に協応動作が生まれにくく、つい棒立ち状態に見えてしまいます。

お母さんにたずねてみると、S君はおうちでは止まらないで食事も着がえもできるとのこと。やはり周りの世界が見えてきて、興味・関心が沸き立っているものの、協応の動きが出てこないためのストップのようでした。

こういう場合、見ることを遮断せずに、というのもせっかく一生懸命見て学んでいるのですから邪魔しないようにして、後ろからソッと肘を押したり手首を動かしたりすると、協応動作が出てくることがあります。

この立ち止まり状態は、遊戯歌や体操ができるようになる前段階（芽生え反応）でもあります。

体の部位

身の回りのことを教えている時に、よく使うのが体の部位の名前です。「ちゃんと頭をいれて」「足にはくの」「背中、シャツが出てるよ」といったように、教える際には頻繁に口をつきます。

さて、体のそれぞれのパーツの名称は、いくつぐらいからわかってくるのか。

一般的には、一歳から二歳にかけて、「口・目・耳・頭・おなか・手・鼻」などの言葉を理解するとされています。これらの名前が始めにわかってくるのは、注目を引きやすかったり、さわれるところだからでしょう。三歳代になると「ほほ、歯、指」などの他に、身の回りのことにはあまり関係ありませんが、血という言葉が使えるようになってくるそうです。

四歳から五歳になると、「首、のど、肩、腰、あご、舌、胸、背中」など、他の部位との境界線が曖昧だったり、見えない器官などにも注目しだします。

この時期以降は「図鑑時代」とも言われるように、たとえば「昆虫図鑑」で見たこともない虫に関心を示し、それらの昆虫達の微妙な差異に気づいてそれぞれの名前を覚えるのと同じように、絵本や図鑑などを通して心臓や胃や節といった器官のあることを知り、おおまかな位置を指し示すことができるようになってきます。また、それらのおおよその働きも知るようになるそうです。

単純に体の部位・器官といっても、通常の発達像でわかる通り、ある程度の理解をえるようになるまでは、始語からほぼ六年かかるわけです。

言葉がわからない

ハンディキャップのある子の場合も、部位についての理解の進み方を見ていると、背中はわかるのに鼻はわからないという子はなく、通常の場合と同じように段階をおいながらわかっていくと思われます。

このことを踏まえて考えると、「ちゃんと頭を入れて」「足にはくの」「背中、シャツが出てるよ」といった指示を出した時、子どもがキョトン、あるいは馬耳東風としている場合は、一考の余地があります。「まてまて、ひょっとしたら頭という、足という、背中という、言葉がわからないのかもしれないな」と。

まあこの時、「ちょうだい」にも応じられない、つまりは人に対する構えができていないと、「わかっていて無視している」かどうか、はっきりしなくなりますが、多くの場合は「わからないから応答せず」だと思います。

わからない言葉を連呼しても駄目なので、こういう場合はその部位を指さししたり、さわりながら「頭を入れて」「足にはくの」「背中、シャツが出てるよ」と言葉かけすることが必要となります。遠目に見ながら、「足にはくの」と指示しても効果なく、かえって馬耳東風を強めたりします。

経験による理解

聞いた頻度に正比例して理解は高まるというのは真実で、たとえ他の領域のことはそれほどわからなくても、身体部位についてはよく知っているという子はいて、そういう子はきちんと身の回りのことを教わっています。ボキャブラリーとしては二歳程度しかなくても、背中はわかるとか。

子ども達はくり返し体験することで、部位の名前を覚えます。逆に経験しないと覚えないという側面もあって、理解力はあるのに運動が苦手という子の場合、しっかりとしたボディイメージが育っていないこともあり、その一つの理由に、自分の体の名前を教わってこなかったためということもあると思います。自分の体やその動きへの注目・興味を持ちづらくなると思うんです、名前も知らなければ。

健やかに暮らすために

ふつう、一歳代で「痛い」という言葉を言えるようになるのですが、ボキャブラリーが少ない始語期からそれがあるのは、人間にとり痛みがいかにその生存を脅かし、はやく取り除かなくてはいけないものかをよく示していると思います。

ところが、よくあるのですが「痛そうだけどそれがどこかわからない」ということがあります。あるいは「おなかが痛い」というのが、実は胸心部の痛みだったということもあります。

体の部位に注意を向けさせ理解させる、このことは「痛みをともなう」病気の早期発見・早期治療にもつながっていきます。身辺自立を教えることには、さまざまな目的があるのですが、重要な一つに、病気の時にきちんと体の不調や痛みの部位を訴えられるようになることがある、と思っています。

身辺自立と文化

「『わざ』からしる」(生田久美子著・東京大学出版会)という本があります。その本で、身辺技能の習得に隠されている文化的な意味について言及がなされています。「人間の生活は様々な種類の身体的活動から成り立っている。朝起きて歯をみがき顔を洗い、食事をすることから始まり、昼間の様々な種類の活動、そして夜床につくまで、意識の介入をほとんど必要としない様々な身体的動作の連なりのなかに生きているといっても過言ではない。(中略)自分でパジャマを着ることを学び始めたばかりの子どもは、始めは諸動作一つひとつを確かめながらその連なりを辿っていき、最後に『着る』という目標を達成する」そうして「パジャマを着るという動作をくり返すプロセスのなかで、より大きな目標が見えてくる」この大きな目標とは、文化、習慣への体験を通しての理解であり、そこに流れる価値判断を子ども自身がたとえばパジャマを着るという動作を通して行ない、自分の属する文化自ら「善いもの」として同意すること、とされています。

確かに、パジャマを着て寝るという文化は、世界中の人の文化でなく、ましてや日本においては多くの人にとり、戦後のものであるわけですが、どうしてそうなり、それが当たり前のこととして続いているかその理由についてはここではおいておくとして、「善きもの」として踏襲されてきたのには何らかの意味があることでしょう。もちろんこれはパジャマだけでなく、手づかみで食べない、トイレで排泄するなども同様で、ただ文化というのは諸々の動作のなかとともに、そういう一つひとつの物が日常生活のなかで連なりとしてあり、それを守ることで人として「当たり前に暮らす」ことが成立しているのでしょう。

文化を学ぶ

文化とは、多様な側面、要素によって成り立っています。単に着脱だけでなく同様に、コミュニケーションや遊び、あるいは概念を学ぶといったことについてもそれらには文化的な価値があるわけです。

子ども達は日々の暮らしのなかで「善きものとして取り込む」なかで、属する文化の価値観を取り込んでもいるのでしょう。

『わざ』からしる」では、子ども達のさまざまな技能の習得は何によって進められるのかについて、自分と同じ世界に生きる人達のさまざまな「行動の意味を積極的に身体全体を通して納得したいという欲求によって促される」とされています。

身辺自立を教わることに対して拒否的な子は、なぜその他の面でも拒否的なのか、そしてまたとても感情の起伏が激しく、周りの大人がいつもはれものに触るようにしていなければいけないかが、これでよくわかります。子どもにとり、周りの人達の行動の意味がつかみきれないために、安定した世界に入れないのでしょう。

ところが、拒否をつらぬくほど、文化やそこに流れる価値判断を学ぶことができず、文化によって成立している人の群れに入れぬまま、ますます孤立した不安定な存在になっていくことと思われます。

それが何から始まるのか、子どもによって違うことでしょう。ある子にとっては、靴をぬぐことかもしれません。ある子にとっては、遊戯歌を学ぶことからかもしれません。しかしそれが何であれ、何らかの契機を作り、「善きものを取り込む喜び、それによって人の群れに入れ、精神的安定を得られる」ことを子ども達に知らせるのは、大人の役割だと思います。

親は身辺自立を教えながら、文化やその底を流れる価値観を子に伝え、子は身辺技能を獲得するなかで、それらを「善きもの」として受け入れ、そのことで世界の意味を理解・了解していくと、前に書きました。これを意訳すれば、身の回りのことを学ぶなかで、相手の考えていることがわかるようになり、人として他の人とつき合えるようになると。身辺自立は社会へのパスポート、と言った人もいました。名言です。

技術習得と三段階

人が何らかの技術（ワザ）を学ぶ時、三つの段階があるようです。

まずは、技術の発見期。たとえば、「魚の三枚おろし」。魚は三つに分けられる、という事実を見るなりして、三枚おろしの技術のあることに気づきます。

次は、技術の習得期。仕事として必要に迫られて、あるいは興味に動かされて、三枚おろしのやり方を学ぼうという時期。見て盗む、本を読んで、と方法はいろいろあるでしょうが、実験学習のなかで技術をわがものとしていきます。

そして三段階目が転心期。見よう見まねでの技術の習得も、所詮は他人様のもの。微妙なところで、自分の身の丈、手指の大きさ、動き方などにあわせた、つまりは自分サイズの、自分に最適の物に変えていく必要があります。三枚おろし、基本形は類似していても個々人の微細な動き、仕様には差がありま す。転心期とは、型から学んだ物を自分用に仕立て直す時期であります。それとともに、上手にやろうと、素材・道具・環境などにも目配りができるようになります。

気づき、暮らしが変わる

とても困難に思えることこそ、一度変わり始めると変化は早い、時には一回できるとそれがＯＫになることさえあります。スイッチのように、ＯＮ―ＯＦＦの二つしかなく、今まではＯＦＦだったのが、一度ＯＮになるとそのまま定着していくというか。

T君は出産時に脳にダメージを受け、知的な面とともに運動系にもハンディキャップを持ちました。顔面の表情筋もスムーズに動かないようで無表情、言葉がないことと重なって「重度の子」という印象を持たれていました。当時六歳、おむつをしていたのですが、身体が大きくて適用サイズがなくなるという話を、園の先生がポロリと洩らしました。それまで彼とは数回会っていて、モノをクルクル回したりして遊ぶこと、自分のクラスの部屋がわかっていることなどからして、トイレ＝オシッコするところ、というのがわかるとともに、自分でズボン・パンツを下ろしてできるようになるのでは、と推定。とは言うものの、これまで何度もトイレ排泄に挑戦してきたこと、そしてその都度彼の頑強な抵抗に会い、あきらめてきたことも知りました。それでも、ということでトイレに入り、洋式便座に始め嫌がる彼を押さえて座らせ続け、彼と二人雪隠づめで二時間余。あの手この手で暇つぶしをしている内に排尿成功（二時間もいれば生理的に当たり前ではありますが）。

これが契機で失敗はありつつも、排尿＝トイレが定着。そのあと、ズボン、パンツの下げ上げを教え、百％服を濡らさずにというのはムズカシイものの、何とかできるようになってきました。あの時、便器にオシッコをしていて、彼はその行く末を見つめていました。オシッコをする、という技術のあることを彼はきっと発見したのでしょう。それと、場所指定のあることとも。オムツをしていると、この技術に気がつきません。時に爽快な心持ちもするワザなのに。かわいそうでもあります。

日々向上

しゃべらないので、あるいは的確に表現しないのでよくわからなかったりしますが、たとえば一緒に料理をしていると、彼ら彼女らが年々歳々、人同じでないが如く、技術の習得が進めば、より上手により美しく仕上げていきたいと思っていることが、その「作品」を通してわかるようになります。また上手い人の包丁を持って使いたがったりし、道具の良否にも気づいていきます。

知的障害には、さまざまなパターンがありすべての子がすべての身辺自立技能に関して「発見→習得→転心」していき、パーフェクトにできるようになるとは言えませんが、たとえば「靴をはく」という行動の獲得過程を細かく見ていると、先の三段階があることがわかります。特に、身辺自立の技能で問題になってくる子達は「ワザのあることを発見できない」でいます。発見期に、どのような関わり方をするかが、後々まで影響を残していきます。

ちなみに私は、幼児で三十分、それ以上の年齢の子では四十分間は、何か技術を教える時に拒絶的な場合、待つことにしています。始めからその時間は「心の準備にかかるであろう」と考え、くり返し「発見」を促しつつもひたすら待つ。で、三十分、四十分が一つの区切りとなって急に見えてくるというか。子ども達の頭が柔らかくなってくるというか。そこで初めて、新しいものの取り込みが可能となります。

幼児期、多動で有名だった子が青年になり以前の多動時代のエピソードを話したりすると、怒ったりします。多動な子は一度たとえば椅子に座れるようになったりすると、チョロチョロ動かなくなります。服が着られるようになった子に対して、着せ替え人形だった頃に戻させ手伝おうとすると嫌がります。あれほど一人でトイレに行くのを拒んでいたのに、自分でできるようになった途端、他の人がついて来るのを押し返したりします。

箸が使えるようになれば、手づかみで食べてもいいといってもそうはしなくなります。

技術には、上達度スケールがあり、一度獲得すれば前戻りできなくなる構造があるようです。不思議な気もしますが、だからこそ積み重ねしかないとも言えます。

正しい方角へと

人間には、奥深いところでプログラミングされているものがあり、ある方向に向かってしか進めなくなっている、と感じます。それは発達の、成長の順序性という言葉で、あるいは生きるために正しい方向へと向かう、とでも表現しましょうか。

少しでも自立の力を高めていこうという、内的欲求。そしてその力を持つことで、仲間のなか、社会のなかで自立的存在として認められて生きていきたい、という積極的な願い。太古の昔から、こういう欲求・願いを人は脳に蓄積・強化、代々脳に伝えて今日の人へと進んできている、そう思います。

学びへの意思

脳の機能不全、そのことでスムーズに自立のワザを学べないとは言え、しかし欲求・願いは脳のなかで人類として長大な時間をかけながら方向づけされており、ひとたび学びへの意志がはっきりしてくれば、歩みは着実に、定められたところに向かって始まります。

四歳の女の子。抗けいれん剤を服用しているためか、初めて会った時に残った印象は、トロリとした目。身体もくねり、椅子に座ってもどこかしら動いている子でした。眠そうなまなざし。空をさまよっていました。

しかし、「型はめ」「ひも通し」「絵カード」「大小弁別」とお定まりのコースで進んでいったところが、ドンドン集中が高まり、目にも身体にも力がこもり出し、そして何よりも声を人に向かって出すようになりました。

色の名前を覚えさせようというので、手を変えながら学習を進めはしたのですが、六十分間にわたって集中・持続。途中、止めようにも止められない。ある種熱気を帯びたゲームをやっているような感覚でした。

こんな話を枚挙するほどのこともなく、多くの方が、ハンディキャップのあることを忘れるような瞬間が、子どもにはあることを体験されていることでしょう。

ちょうど学びたいと思っているものが、目の前に差し出された時の、子ども達のくらいついてくる感じ。こちらが根負けしそうになるほどの執拗さ。集中・持続の高さは、大人とは比較にならないほどの質・量があります。

ハンディキャップのある子ども達にこそ、早くこんな学びの喜びを教え、歩むべき正しい方角のあることを自覚させたいものです。

習得と時間

身辺自立については、時として拒否的になる子もいます。それは、視野の狭さや空間認知の歪みから起こっているのかもしれません。それとともに、体の動きそのものにも不自由があって、意欲をそぎがちなのかもしれません。

しかし一方で、身辺自立の各種のワザは総合力の賜物とも言え、たとえば原始の頃、人は長い間裸だったようです。それがどうして身にころもをまとうようになったかと言えば、体温調整の必要性もさることながら、ころもを創造し、またそれを身につけるワザを体得したからでもありましょう。それには、何十もの世代が必要だったのかもしれません。

チンパンジーが衣服を着たがり、着られるのか詳しくはわかりませんが、以前言語訓練を受けている映画を見た時には、裸で着ていませんでした。着衣については、人固有のものといってもよいでしょう。着衣一つをとってみても、子どもはごく当たり前に習得していくように見えながら、さまざまな能力の結果が必要であり、やはりワザとして確立するまでには、時間がかかるものなのでしょう。ハンディキャップのある子ども達も時間のかかることは同様で、ゆったりと待ちながら、しかしきちんと伝えていかなくてはいけません。

しかし、大人にとっては、獲得してしまった技能のこと。わが身を持って体験したはずの、長大な時間をかけてこそ習得できるものということを忘れ、できないことを当然とするような「解釈」を持って自己納得、あるいはあきらめてしまいがちです。

そのことの起こりがちなことを心してかかりましょう。

地域で暮らすために

ハンディキャップは実に多彩な状態を持って子ども達に現れてきます。あらためて言うまでもなく、その能力や機能は等しいものではありません。そうしたことに目を配りつつ、本人達の内側にある、この社会で生きていきたい、という願いをしっかりと受けとめること。住み慣れた地域で仲間と暮らす、この日にこそ、親がかり他人まかせではなしに、本人の、身の回りのことは自分でやろうという意識が必要となり、それを今からきちんと育てておいてほしい、と心から願っています。

第1章

「やれる」「できる」から広がる世界

身辺自立の指導は、子どもとじっくりつきあう
絶好の場面になります。
「きちんとやりなさい」の声かけだけでは
いつかできるようにはなりません。
生活に流されず、ポイントを決めて
身辺自立の技能を教えていきましょう。

#「やれる」「できる」から広がる世界

一、身辺自立を目指して

身の回りのことを自分でするための技能

「身辺自立」とは、身の回りの始末を自分ですることです。

大人は忘れてしまっていますが、身の回りの始末は、自然に身についたわけではありません。どの人も幼児期にチャレンジして学んできたことです。

でも、障害があってスムーズに学べない子ども達がいます。「手元を見ない」「指先が思うように動かない」「手順を忘れてしまう」と、うまくいかない原因はさまざまです。

スムーズではないけれど「何もやれない」わけではありません。

時間はかかっても、順序立てて工夫して教えると自分でやれることが増えます。

「自分でやれる」のは、本人にも周囲の人にもうれしいことです。「やれる自分」に自信を持てるようになります。

生活を楽に、自由にするための技能

身辺技能を身につけ、なめらかに行なえると、それが土台になって、時間やエネルギーを他のいろいろな学びの場へ向けやすくなります。

また、成長した時、自分でできることが多ければ、他の人に頼る部分を少なくでき、自分の裁量で選んだり行動できる場面が広がります。自由に生活できる時間や範囲をより多く持てます。

マナーや他の人への配慮も含めて獲得していくと、外食や旅行など気兼ねなくいろいろな場面に参加しやすくなります。

「特別な配慮」はあっても「特別扱い」なしで過ごしたい

身辺自立を教えていく時には、理解の程度や動き方に合わせてやり方を考えていきます。

そうした「特別な配慮」が「やれない」「無理だ」と思い込む壁に立ち向かい、乗り越える努力を引き出してくれます。一生懸命の姿がみんなと一緒に過ごす生活を支えてくれます。

一方、障害があるから「できない」「不可能だ」と立ち止まったり、その人だけ「してよい」「しなくてよい」といった「特別扱い」に陥ると、一人でできるはずだったものもやれるようにならず、みんなのなかでの適応を難しくしかねません。

前向きに自分でやろうという姿勢を応援したいものです。

二、身辺自立の展開

身辺自立を教えていくうえでの展開を左記に示しました。

①未経験「トライしたことがない」

子どもが小さかったり、まだできないと思って大人の側がさせようとしない段階です。なかには、一定の年齢に達しないとできないこともあります。(ひげそりなど)

②拒絶・未学習　「やろうとしない」

教えようとしても自分からやろうとしない場合や、させられること自体を嫌がってしまう場合です。

③技能習得Ⅰ　「少しやる・一部分やる」

大人の手伝いがかなり必要ですが、自分で一部分参加して行なう段階です。その場になると何をするのか気づいてくる時期です。

④技能習得Ⅱ　「形通りやる」

指示が必要だったり、十分な配慮はできませんが一人でやる段階です。断片的な技能です。

⑤技能習得Ⅲ　「一通りできる」

不十分さはあっても一応のことは、技能的に一人でできる段階です。

⑥柔軟な対応　「正しく、マナーに自分で気をつけてやれる」

マナー面やいろいろなやり方で気配りを教えていく時期です。

これを踏まえて、具体的に目標となる項目を作ることができます。

「技能習得」に取り組み始めたけれど、なかなか進まないことがあります。「一人でできる」ことに到達し難い場合もあるでしょう。

障害の度合いによっては、「完全に」というよりは、「自分でする部分を徐々に広げること」を目標にして、小さな変化を認めていくことが、本人にとって励みになります。

社会に出る年齢では、細かい動きより、社会的に「とりあえず必要なこと」ができるように目標を転換すると、違った視点が出てきます。

三、「未経験」期での対応

始めるのはいつから？

小さい子ども達は、実際に手を動かし、体を動かすなかで学んでいきます。そう考えると「障害があるから後で教えよう」というより、「健常のお子さんとほぼ同じ時期」に始めたいもの。学ぶのに時間がかかることを考えて、「より早い時期」ということもあるでしょう。

かといって今が遅すぎることもありません。適したやり方へ切り替えようと決めた時が始めどきです。

「受け身」の生活を抜け出そう

「やってもらうのが当たり前」という生活から「自分でやろう」という生活に変わるには、いろいろな困難もあります。「意識改革」には、子どもも大人も戸惑いが生まれ「変化への抵抗」が予想されます。「こんなこともやれる」という実績が積み上がっていくと、本人の伸びていく力をだんだん実感できるようになります。

すぐにできなくてもあきらめないで

三回やってみてうまくいかないと「無理だ」とあきらめ、「そのうちできるようになるさ」と逃げ口上がよぎります。「できるはず」という見通しを持てないとつらくなります。

「少しずつ、行きつ戻りつ、でも着実に変わっていく」という子ども達の特徴を頭に置いて、「どうしても身につけて欲しい」と念じながら、「指導の実際」で示す手だてを試していくと細かな変化が出てきます。それをキャッチして大人のやる気のエネルギーに。

四、「拒絶・未学習」期での対応

何かさせられたり、自分の得意ではない場面だと「嫌がる」子がいます。大人は、「嫌がるのだから、かわいそう」と思って、やめてしまいがちです。でも、嫌でも泣いても乗り越えてすべきこと、学んでおくべきことがあります。

嫌がることに対して

「初めて体験することがイヤ」

「触られることが過敏でイヤ」

「少しの変化にも混乱しやすくてイヤ」

「自分のしたいようにしてきたので、教えられることがイヤ」

と嫌がる背景はさまざまですが。

徐々になじませたり、頑張った後に好きなことが待っている、というようなやりとりの工夫で乗り越えられることが多いのです。

不思議に、嫌がっていたことを克服できていくと、見違えるように誇らしげな子どもの姿に出会うものです。

加えて自己コントロール

衝動的な反応をコントロールすることも、意識して練習すると効果が出てきます。

たとえば、大人が準備している間や食事のあいさつの前はじっと待っていること。手を出さず、立ち歩かずに待てることは他の場面でも活きてきます。

食卓の準備や片づけなど、一定の間くり返す動きも、持続してはずれずに動けると、集中して学ぶための構えをつけていきます。

五、「技能習得」期での対応

「やり方」を教えていくこの時期は、子どもの状態に合わせた工夫をしてレベルを上げていくことになります。子どもの状態と工夫とがうまく合致すると、思いの他スムーズに獲得できることが多いのです。

動き方・動かし方をよく見る

「どんな風にできないのですか?」と問われると、困りませんか。「できない」のは事実ですが、どこがどうなって「できない」のか、見当がつきません。動きを確認しながら様子をよく見ることから始めます。

工程分析

まずは大人自身の動きを振り返ります。何気なく自動的にしている身辺の動きですが、子どもに教える時には、細かく区切ってたどる必要が出てきます。

たとえば、体を洗う時は、どこから洗っていくのでしょう。人によって違いますが、やり方をふり返ってみると表1のような工程が考えられます。

子どもの理解や動き方によって、見落としがちな細かい部分も一つの手順として見つけていきます(たと

表1：体を洗う時の工程

1. タオルに石けんをつける
2. 左うでをこする
3. 右うでをこする
4. 首をこする
5. 胸からおなかをこする
6. 左わきの下をこする
7. 右わきの下をこする
8. 太ももをこする
9. スネをこする
(ヒザの裏をこする)

えば体洗いの場合、膝の裏こすりを加えるなど)。

つまずきどころ・できるポイントを探す

工程分析と並行して、子ども自身の動きを観察します。子どもと同じ動きを大人がしたり、子どもの力の入れ方を感じるために手を添えたりすると、うまくやれない原因が浮かび上がってきます。「できている部分」に何を加えたり変えたりすればいいのか、考えていくことになります。

ハードウェア（用具）の工夫

衣服や食器などふだん使う用具をうまく使えない場合、使いやすい形に改造するのも一つの方向性です。部分的な動作を引き出す練習用の用具を作ることもあります。ただ、これらは一般的な形へより近づける過渡期に使うものと考えて、ステップに合わせた用具を考えていきます。

本人の動きが引き出されやすいもの（156頁参照）

指先の動きが弱い人や注意の途切れやすい人には、少し努力すれば目的の動きに達する手だてを考えます。少しでも「できた」という実績がやる気を引き出します。

動きの原理を教えるもの（157頁参照）

手元を見ないで空回りという人には、机上でやり方の原理をつかませます。そこから徐々に一般の形へ変えていきます。手で探っていて時間がかかるという人に、意外な威力を示します。

目安を示すもの

服のまえうしろや水の適量など、判断できるような目安を新たに作って示します。目安の意味がわかる人に有効です。（写真1）

ソフトウェア（教え方）の工夫

「服にマークをつけたけれど全然前後に気をつけない」という苦情を聞くことがあります。道具を改造してもそれだけでは行動は変わりません。道具の使い方を含めた教え方がものを言います。

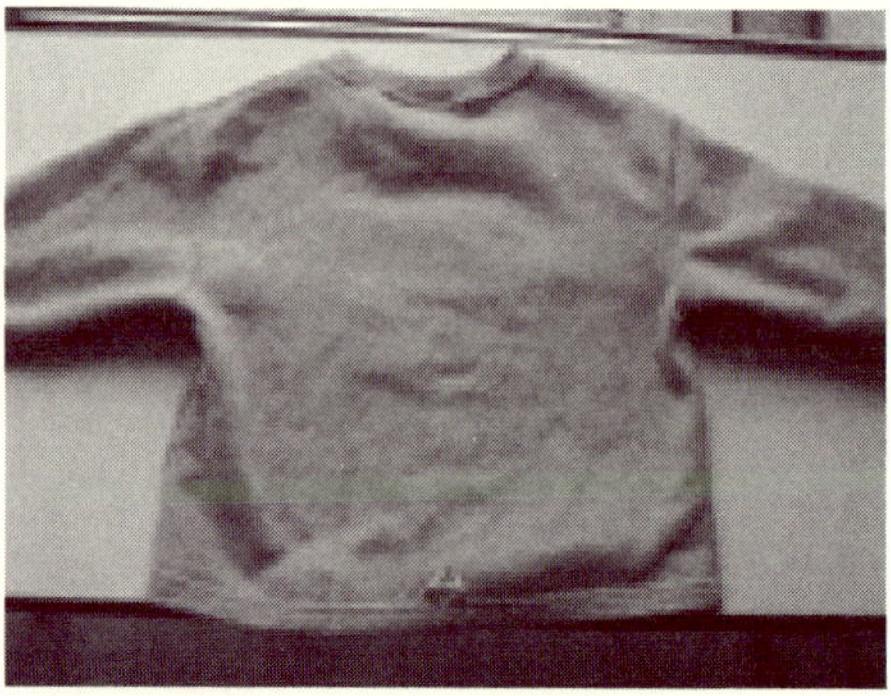

写真1：衣服のうしろにマークをつける

注意をつなぐ

一生懸命「ここ！」と手元を示しているのに、本人の視線はあらぬ方へ、という風景がよく見られます。肝心な所に注意がいかないと学んでくれません。

それている視線を手でさえぎると、意外や簡単にはっとして手元に視線が戻ります。他にも「ねこだまし（目の前で拍手）」で目を覚ましたり、手をぎゅっと握るなどの手段を試してみます。

力の入れ具合を伝える

冬は、みかんの皮をむしりとらずにむく練習のシーズンです。

人差し指でむこうとするのを止め、親指と人差し指の間をあけつつ、手の平とミカンの間にも隙間を作るようにします。ミカンをつぶす程に入りすぎた力を押さえ、程よい力を出すように手伝います。

腕や手指の使い方がうまくいかないと、力が逆方向に入ったり、強すぎたりします。

これが原因で「できない」でいる子ども達には、「ちゃんとやりなさい」の言葉より直接手に触れて正しい力の程度、方向を伝えるようにします。「してあげる」ために力を貸すのではなく、「伝える」ために程よく手を添えるのがコツです。

スモールステップ

教え方の基本中の基本は、「スモールステップ」です。大人からすると「楽な操作」でも、つまずいている子どもからすると「大きな困難」になっています。細かく区切って子どもにとって「楽な操作」でやれば、思わぬほどの進展で本人も周りもびっくりします。

たとえば、さくらんぼの種を口の中から手を使わずに出すやり方を考えてみます。これは、口唇の動きによいトレーニングになります。図1のようなステップを踏むと「できた」という経験が続き、意外と早く種だけ出せるようになります。

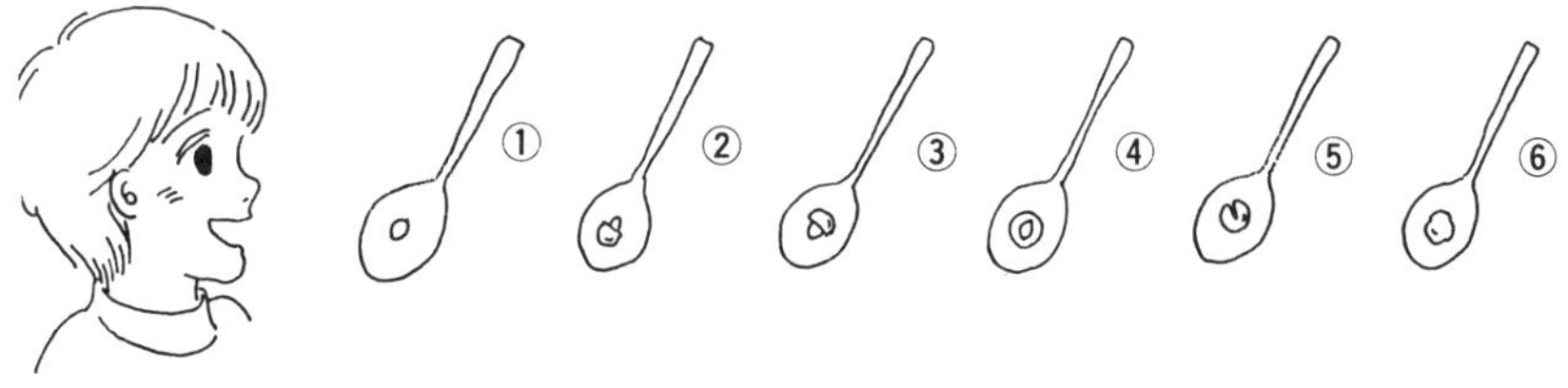

図1 ①種だけ
②種の半分に実をつけておく（子どもの側に実）
③②と同じ（子どもの反対側に実）
④種と実は分けてあるけれど実の上に種がのっている
⑤実の一部分に切り込みを入れておく
⑥種と実をよくもんで実ばなれをよくしておく

ゴールの手前から始める

ゴールの少し手前から始めるとすぐ「成功」でいい気分になれます。その調子でゴールからの距離を広げていくとゴールを見失わずに、やがて「スタート地点」からやれるというわけです。

前に出た「さくらんぼの種出し」は、まさにこのやり方です。小さい子がズボンをはく、靴下をはくという動作を教える場合にも使える方法です。（写真3・4・5・6）

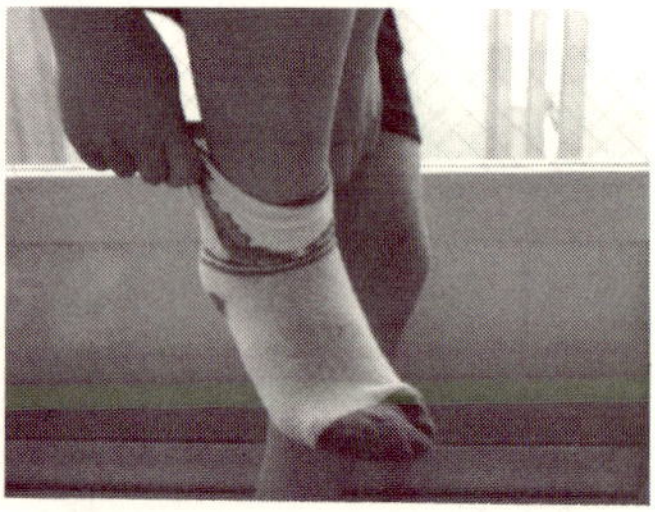
写真3：ゴム口だけを上にひきあげる

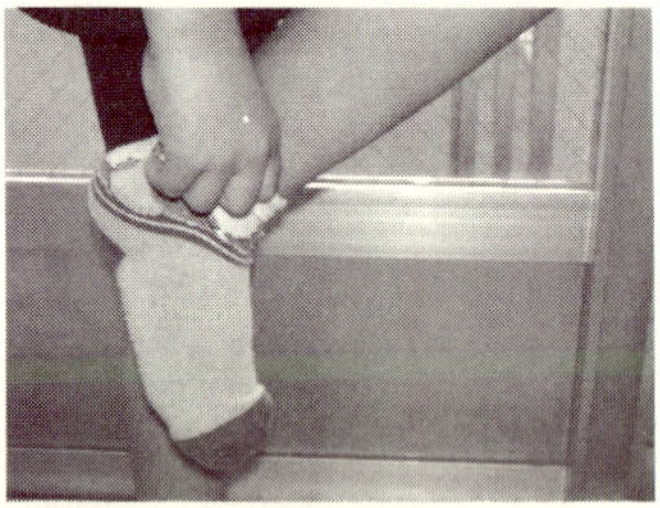
写真4：カカトあたりからはく

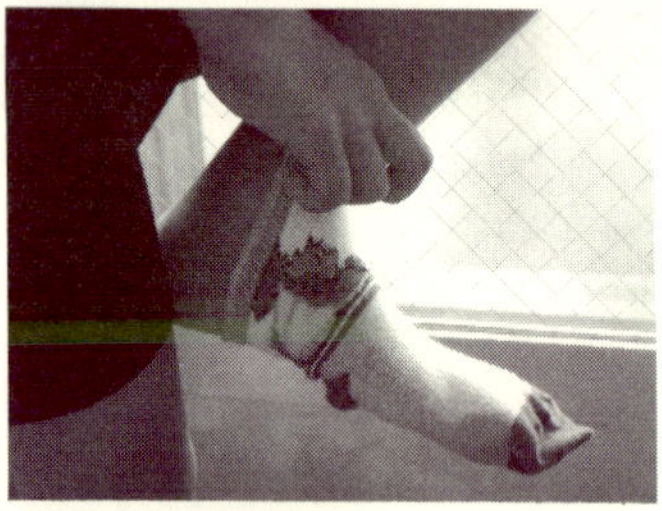
写真5：カカト手前からはく

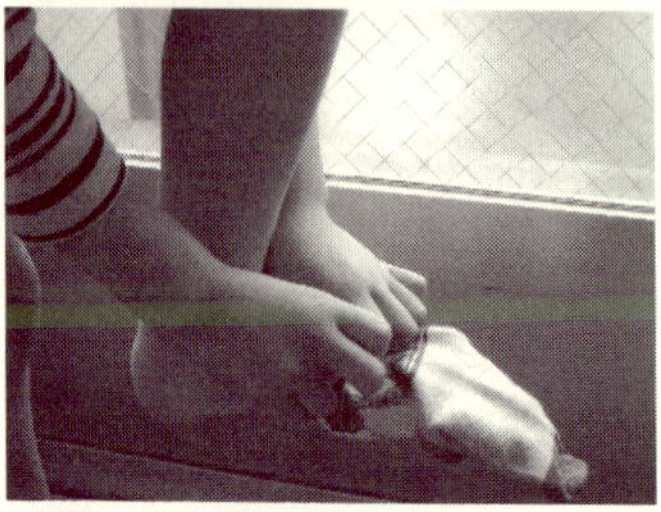
写真6：つま先から入れてはく

子どもがわかる事柄を手がかりに使う

手をとって教えた期間が長いと、つい手が出てしまいます。

子どもが自分からやり始めるためには、手をとることを控えて、わかることを手がかりに使い、気づかせていきます。

たとえば、指さしされた所を見るようになったら、服のマークやここまで入れる、ここで折るなどの目安を示せるようになります。自分で指さし確認をさせ、直後にやるべき行動につなげるようにします。

写真や絵で何をするか意味が取れる場合、着がえなどの手順や注意ポイントを伝えやすくなります。文字が通じればそれも使えます。

抽象的なことは、行動で学ぶ

「手をきれいに」「きちんとした服装で」と言われるなかに出てくる「きれいに」「きちんと」などの言葉は、抽象的で子どもにはわかりにくいものです。「きれいに」と声かけする側は、どうなって欲しいのか期待しているイメージがあるはずです。それを「工程分析」して「きれいに」なるように「手順」をくんで「行動」として教えていきます。

手を洗う時の「きれいに」は、表2のような手順にまとまります。

やる気をあおる

「さすがにお兄さん、よくできたね」と言われるとがんばれます。一方、「赤ちゃんみたい」とけなされると奮起するタイプの子もいます（けなすのもほめることを前提として行なうのであって、「いつもできないんだから」と変わり様がないかのように決めつけられてしまうと立つ瀬がありません）。

まるで「他人事」だったのが「やる気」が出ると「自分のこと」として積極的に気をつけるようになるので、是非とも欲しいやる気パワーです。

表2：手を洗う手順

1. 手をぬらして石けんをつける
2. 手の平を5回こする
3. 手の甲を5回こする
4. 指の間をこする
5. 手首をこする
6. あわを落とすためにもう一度くり返す

大人のやる気

うまくいかないことが続くと大人のやる気パワーが枯れてきます。突破口は、指導の実際の章で触れられるようなちょっとしたところにあるものです。

また、「完全にできること」「昨日より今日が進歩していること」を至上命令と信じていると、子どものやる気をあおる余裕も出てきません。「昨日はできたのに今日は全然だめだった」ということはよくあるのです。がっかり気分を切り替えて突破口探しにエネルギーを注いだ方が得策です。

生活の流れに組み込む

身辺自立の問題は、「生活」と一番近い問題のはずです。でも、ともすれば、時間に追われ、じっくり子どもの動きを見ている暇もなく流されがちです。ですが、そんな忙しいなかでも、だれしも服を着がえ、歯をみがき、顔を洗う時間を作り出しているではないですか?

忙しいからと大人がしてやったり、声かけだけ「やりなさい」で、きちんとやり方を教えないと、結局正しくやれる技能は本人の身につかないまま時が過ぎていってしまいます。

子どもが次には何ができそうなのかを頭において、ここぞというポイントにじっくりつき合う「生活の流れ」にできないでしょうか?

子どもが新しい技能を生活に組み込んでいくのと同じように、大人も教える場面を生活に組み込めるとぐんと違ってきます。大人が習慣化に成功すると子どももうまくいくはずです。

六、「柔軟」期での対応

マナーも技能として教えていく

技能的には「できる」場合でも、「見苦しい」とか「周りの迷惑顧みず」自分のやり方をこだわり通すとなると、「自立」に近づいたとは言えません。

そうした「配慮」が苦手な人達には、マナーも技能の一貫として身辺の動きのなかに組み入れて教えたいものです。「食べられる」「着られる」「排泄できる」ことで用は足りてしまうわけですが、「きちんときれいにできる」手段が社会生活では肝心です。

状況判断できる材料を身につける

この段階では、判断の方法を教えていきます。「マル・バツ」といった単純な正否から、「早い・遅い」「きちんとていねい」という状態を判断する基準を身につけて、自分で気づけることが目標です。前節で触れた「行動で身につけた抽象的な基準」が蓄積してくると判断がしやすくなるわけです。

環境が変わるとできないことがある…外へ出てみる大事さ

もう大丈夫と思っても子ども達は、まだまだ経験不足です。家ではよくできても他の所では、判断がつかないことがあります。また、家のなかでは許していたやり方が外では通じないことに気づかされます。たとえば、自分の家が洋式トイレだと、和式トイレでも（便座に）直接お尻をついてしまったとか、外食に行ったらお皿をなめてしまったとか思わぬことが起きます。

困った経験には、早めに出会って対応の仕方を学ぶ機会にしたいですね。そのためにも、いろいろな場面を体験させたいものです。

自分で気をつける

「言われないとしない子」は、自分のなかに行動を支える「根拠」と「やる気」が乏しいのです。たとえば、鏡を見てえりを直す動きも「かわいい」方がいいという「価値観」と結びつくと子どものなかにとどまるでしょうし、きちんとして「お姉さんだね」と言われると「誇り」と結びついて、「何のためにするのか」心に残るでしょう。

手順がつながって、できることが増えたら、その行動は「やった方がいい」という思いを染み込ませていくようにします。

ここでは大人の意識も転換が要求されます。「一人でやれる」と思っていたら、実は、気づかずに声かけ・目くばせ「転ばぬ先の杖」が出ていたなんてことも。

「自分でできる」技能に加えて「自分でやろう」という意志の二本立てで「自分で気をつける」大人を目指していきたいものです。

七、まとめ

身辺自立の技能や進展を段階に分けて追っていくことで、子ども達の進み具合と次なる目標が見えてきます。ハンディを抱える子ども達も、ステップを追って体験を積み重ねることで、「できる」喜びを日々の暮らしのなかから得ていくことができます。

Q&A

生活習慣の大切さ

Q 私は保育園の保育士をしており、4月から5歳児クラスを担当しています。

私の担当しているクラスのなかの発達に遅れのある女の子のことでお伺いします。Bちゃんは言葉の遅れはあまりないようで、保育士と話をしたり、簡単な指示を聞くことはできます。自分から友達に話しかけることは少ないですが、友達と遊ぶのは大好きなようです。しかし、手先が不器用なため、ボタンをはめたり、靴下をはいたりするのが苦手で、保育士が手伝ってやらせようとすると、「やらない」と言って寝っころがったり、まったく関係のない話しをしてごまかしたりします。少しずつできることは増えていますが、本人の「がんばろう」という意識が薄く、うまくやらせることができなくて困っています。

来年は就学を控えているので、身の回りのことだけは一人でできるようにしたいと思っているのですが。良いアドバイスがあればお願いします。

A 赤ちゃんの時から子どもの成長を見守っていると、周囲の大人の行動から、多くのことを「まねて」試行錯誤しながら自分のものにしていっているのに感心させられます。

大人と同じようにお箸を使おうと悪戦苦闘し、お茶碗も持って食べようとします。ズボンをはこうと挑戦し、片方の穴に両足を入れて、大人の笑いを誘います。

このようにして、子どもは「まねる」ことから「生活習慣」の力を徐々に確実なものにしていきますが、その意欲を高めていく原動力は、失敗する場合も含めて、大人の「へェーたいしたものだ」という賞賛のまなざしや言葉、笑顔などなのでしょう。その評価が嬉しくて子どもは励むのでしょう。

こうしてくり返す練習が技能面も発達させ、やがて「一人でできる」ようにしていきます。「一人でできるんだ」という自信、誇り、それはこれからも、「人として生きる」ために、たくさんのことを学ばなければならない子どもにとって、非常に大切な「学ぶ姿勢」となります。

大人の側が、特に「教える」という構えを持たなくても、子どもの側が「マネて挑戦する」ことに意欲的で、大人はできない部分で手を貸したり、修正してやるだけで、「自立」を獲得していく子ども達がいる一方で、依存的で自分でやろうとしない子ども達がいます。この違いが出てくる要因は一概には言えませんが、今までに出会った、障害を持つ子の多くは「してもらうことに慣らされ」て、「やってもらう気楽さ」に安住してしまっているように思います。このような「ボタンのかけちがい」はどうして起こるのでしょう。

大部分の子ども達は、ある時期、「自分で」というサインを出していたのではないか、と思います。ただそのサインは弱かったでしょうし、手指の働きも不器用、集中力も瞬時に途切れるということで、親が見守る限界を越え、待てずに手を出してしまい、いつのまにか「何もできない、してやらなければならない子」に、してしまったのではないかと思います。

親自身、「生活習慣」をそれほど発達にとって大事なことと考えず、（自分自身を振り返ってみても、特に学んで身につけた、という記憶がないので）その上、わが子が障害のある子だと知ると「そのためにできないのだ」と考え、「自立」させることより「世話をする」方向に受け止めてしまった、ということも原因として考えられます。

ご質問のＢちゃんは、「着脱」が嫌で、寝ころんだり、関係ないおしゃべりでごまかそうとするとのことですが、他の場面でも苦手なことなど、こうした「逃げ」は多いのではないでしょうか。
「言葉」の有無は、障害の有無を見る大きな決め手となりますから、子どもが「話せる」ということは大きな喜びとなります。親が喜ぶことは、子どもの喜びとなりますから、せっせとその力を磨きます。それは大変すばらしいことですが、一方で「話せる」ことが免罪符になって、「わがまま」や「逃げ」が許されてしまうことが、往々にしておこります。

Bちゃんの場合も、親御さんは「生活習慣」がそれほど大事だとは考えず、着せたり食べさせたりすることが、愛情だと思ったのか、そうするほうが面倒じゃないと思ったのかわかりませんが、ともかく「世話をして」しまっていたのでしょう。彼女が「話せる」ことに安心し、他の面では「赤ちゃん扱い」をしてきたのでしょう。

そのなかで、彼女は寝ころんだり、関係のないおしゃべりでごまかす手段を巧みに使って「苦手なことから逃げる」ことを学んだのでしょう。苦労してボタンをはめたり、かかとが難しい靴下にチャレンジして、「すごいねぇ、やったね！」と賞賛される喜びを経験することもなく、人から期待され、それに応える誇らしさも体験しないままに、「面倒くさいことは自分でしない」ことだけを学んでしまったのでしょう。

というわけで、彼女への接し方は、寝ころがることも、関係のないおしゃべりも無視して、やらなければいけないことは妥協せずにさせて（一緒に手を添えてでも）「ヤッタネ！　さすがお姉さんだ」と認めてあげる機会を作っていくことだと思います。

「あなたはできるはずよ」と信じた接し方、それが彼女に「認められる」喜びを知らせ、自信を育てるでしょう。それが「意欲」になっていくのだと思います。（石井　葉）

第2章

指導の実際　食事

食事とは本来楽しいものです。
けれどもマナーの悪い人と一緒では
「楽しい」もなくなってしまいます。
食べられればいい、という時期から道具の使い方、
そしてマナーまで教えていくには、
時にはじっくりと粘り強く
教えなければならないこともあります。
人と一緒に気持ちよく食事のとれる子を目ざして……

道具を上手に使おう

通常、奥歯がはえそろい、そしゃくがスムーズになった頃（二歳半頃）から、スプーンやフォークを本格的に使い始め、徐々に箸の使用を目指していきます（三歳～四歳頃）。でも手指がうまく使えず、扱いにとまどう子も多いようです。指のコントロールがうまくいかないと、余計な力を入れがちです。子どもが手首を使えているのか、指を分化して使えているのかにも注目していきます。ここでは、スプーン、フォーク、箸の導入の仕方をご紹介します。

使いやすいスプーンとフォーク

使い始めの頃は、スプーンは小さめで薄く口に入りやすい物、フォークは先がとがり、食べ物を刺しやすい物がよいでしょう。また柄が太めで手のなかで空回りしない物がよいでしょう。子ども用のお箸セットに入っている物はかわいいのですが、使いにくい物が多いので、確かめて購入してください（写真1）。

写真1

スプーン、フォークを使った練習

①スプーンやフォークで食べる練習

始めは、食べ物を平皿ではなく、縁の高い器に入れ、縁に食べ物をよせてスプーンですくったり、フォークで刺しやすくするとうまくいきます。器の下に滑り止めのシートを敷くことも有効です。

②持ち方　回内持ちから移行持ちへ

◎回内持ち

スプーンやフォークの使い始めでは、手の平を下に向けた回内持ちになります。この持ち方で、手首の回転と親指と人差し指の押さえの力を獲得していきます（写真２）。

◎回外持ち

子どもの指の使い方を見ながら、箸へ移行しやすい持ち方へ変えていきます。その途中で、このように回外持ちをする子がいます。手首の動きも十分引き出せず、力も小指側に入りやすいので、できればすぐに移行持ちに変えていくようにします（写真３）。

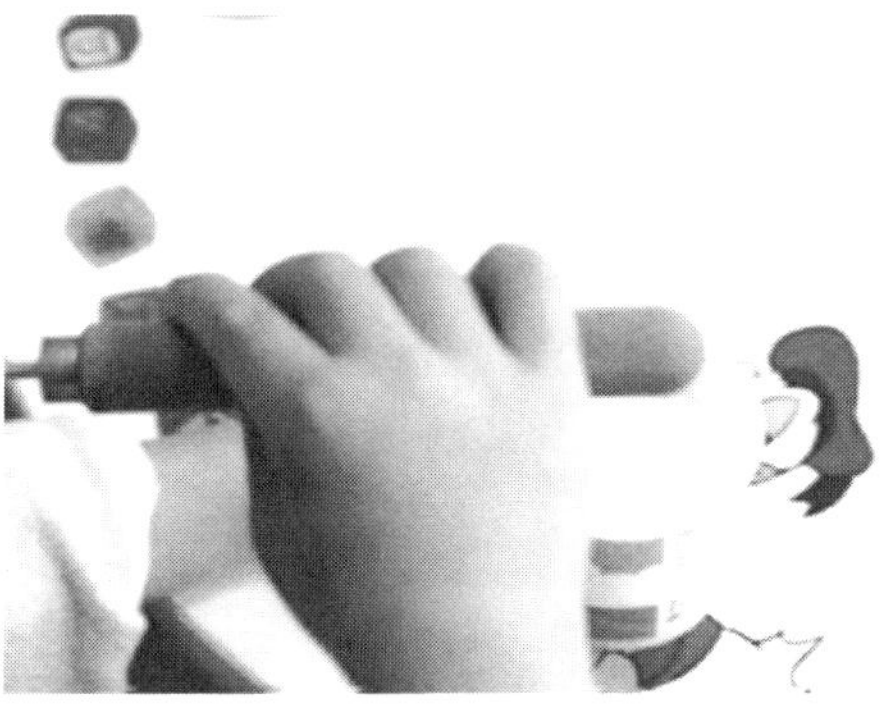

写真２：回内持ち

◎移行持ち（鉛筆持ち）
鉛筆持ちの形です。切りかえの目安は、スプーンやフォークを持ち続けられるようになり、スムーズにグーパーができるようになった頃です（写真4）。

③持ち方を直す

◎**握り込むように持つ子**
親指の付け根を押しつけて握り込む子がいます。指先の力の入れ方、コントロールに弱さがあるのです。指先を使い込む遊びや活動を考えたいものです。料理の手伝いで、指先に力を入れる物としては、野菜ちぎりやコンニャクちぎりがあります。反対に、ソッと手指を使うには、豆腐やお団子をつぶさずに、ソッと移すなどがよい練習になるでしょう。

◎**指が開いてしまう子**
グッと握りこんでいる人差し指を伸ばすと小指側も知らずに開いてしまう場合があります。そういう時は、小指側に小さい玉を握らせて固定しつつ、人差し指側を広げてやります（写真5）。

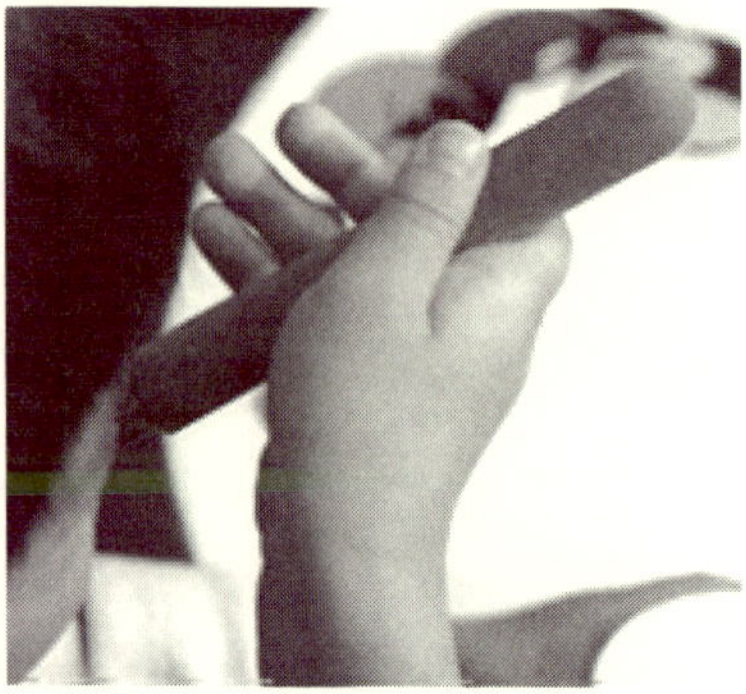
写真3：回外持ち

写真4：移行持ち

使いやすい箸、自作の箸

箸の練習時期は、できればスプーン、フォークの移行持ちが上手になってからがよいのですが、箸を使う場面は多いので少し早めに始めましょう。目安は、親指、人差し指、中指の指先を使って、物をつまむ、ひっぱるなどの動きができるようになった頃です。始めは、スプーンやフォークを併用して練習します。初心者には、滑りやすいプラスティックの箸よりも滑り止めのついた木の箸の方が使いやすいでしょう。

箸を閉じられるけれど、開くのが難しいという人には、箸ではさむことを教える意味でも、箸の間にビーズをはさんだピンセットのような箸は役立ちます（写真６）。

箸を使った練習

①箸で食べる練習

チョキが出せるくらいに指先を分化して動かせたら、箸で「はさむ」練習をします。はさめるようになると、かきこんだり、こぼしたりすることがへり、マナー的にもしっかりしてきます。

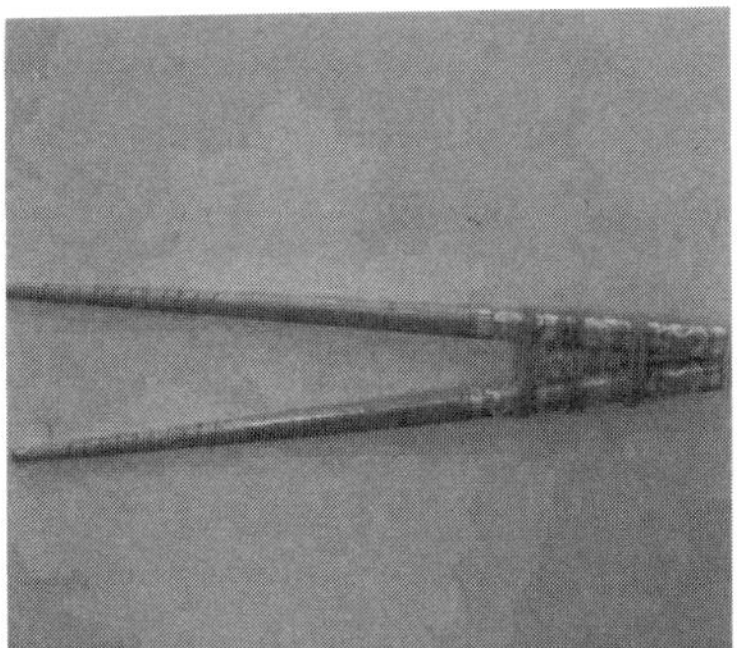

写真６：ピンセットのような箸

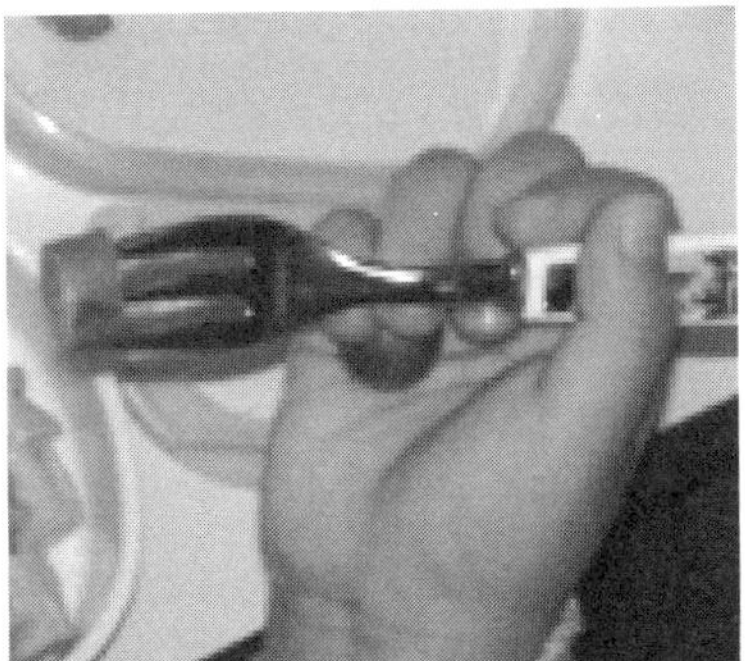

写真５：小指に小さい玉を握らせて固定する

はさみやすい形の肉や野菜などを「はさんでごらん」と努力させるのも一つのやり方です。練習には、食器洗い用のスポンジを小さくした物を、箸ではさんで器に移すなどします。スポンジから始めて、小さい消しゴム、豆やビーズ、重くて力のいるビスナットなどに挑戦させます。

②箸の持ち方を直す

はさむことになじんできたら、正しい持ち方を教えていきましょう。誤った持ち方や力の入れ方が習慣になる前に、教え始めたいものです。

こうした働きかけは、一回はさむたびに行なうので、子どももじれないで、じっくりと大人とつきあう場面になります。

◎握りこむように持つ子（写真7）

箸を握りこむように持つ場合は、指を開いてやります。そして人差し指を伸ばして上の箸を押すようにします。ピンセット箸は、開く時に力を入れる必要がないので、不要な力を抜くコツを伝える時に有効です。自然に箸を持つ状態を作って、はさむ練習をします。

ピンセット箸を、親指と人差し指でまさしくピンセットのように使う場合は、逆に普通の箸か「はしはじめ」のほうがうまくいく子が

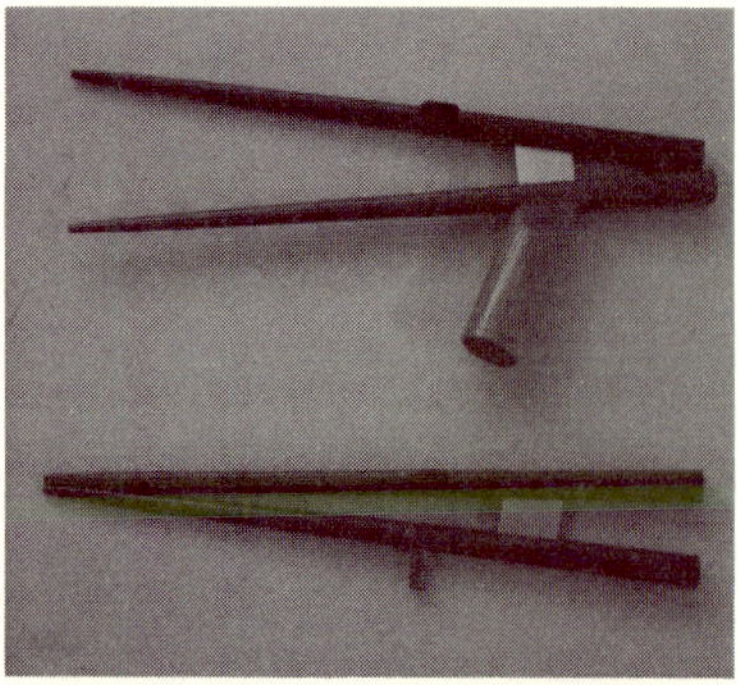

写真8 はしはじめ　販売元、精機工業
03（5987）3770

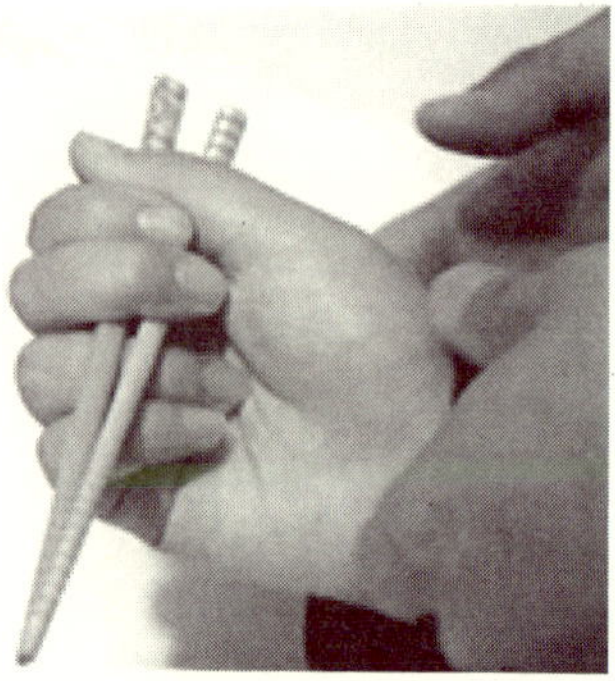

写真7

います。この「はしはじめ」は、「開閉して箸を使う」という原理がつかめていると使えます（写真８）。

◎親指のつけ根に力を入れている子

親指のつけ根に強い力を入れてしまう場合、つけ根を押さえて不要な力をゆるめるよう、箸の間に大人の指を割り入れて、人差し指と中指を使って、箸を開くように伝えます。そしてほどよい力で箸を支え、バランスを保てるように促します（写真９）。

◎指が開いてしまう子

指の力が調整できないでパッと開いてしまう場合、人差し指、中指を箸から離さないように大人の指で軽く押さえてやります。この指を急激ではなく、ゆっくり動かしても開閉できる実感をつかませます。この時、他の指がつられて動き、箸の上に並んでしまう場合は、スプーンの時と同様に、小指側に何か持たせるようにします。

◎人差し指が箸の下にもぐり込んでしまう子

この持ち方で箸を使いこなす子もいますが、こぼしたり、かきこんだりすることが多く、やはり開閉が不自由です。人差し指を箸に固定して直していくことにします（写真10）。

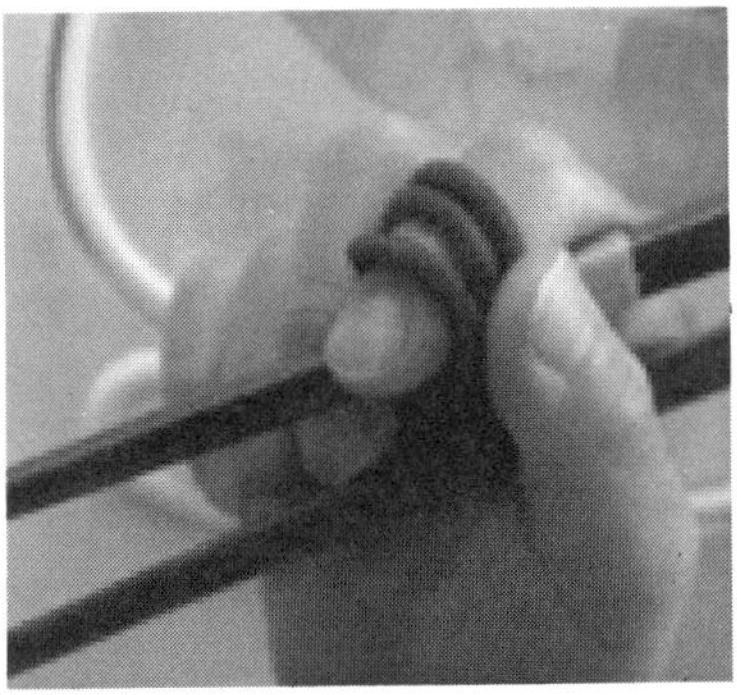

写真10

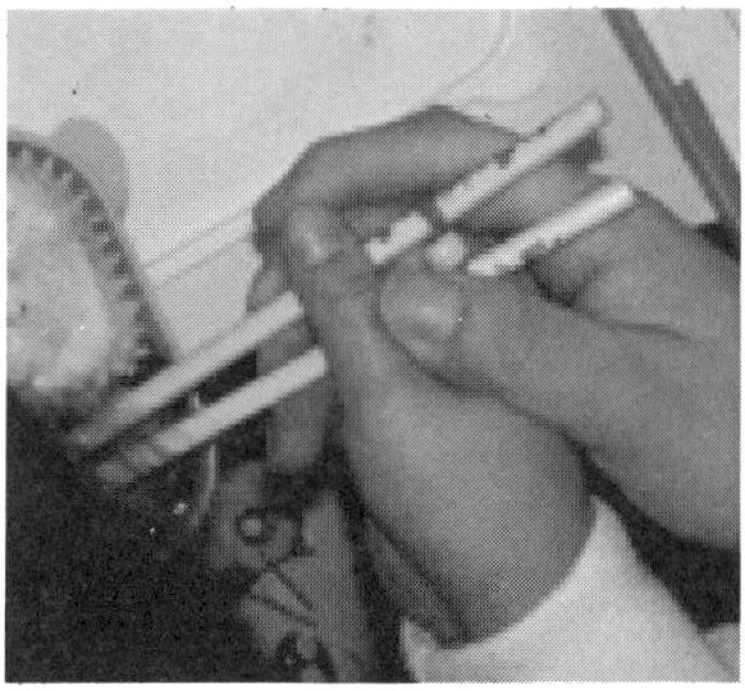

写真９

チェック表：道具を使おう

A スプーンですくったり、フォークで渡せば、口に運ぶ。

B 自分でスプーンやフォークを持つ。

C スプーンやフォークで食べ物をすくう。

D ねらったものをフォークでさす。

E スプーンやフォークを移行持ち（鉛筆持ち）で持つ。

F 箸で食べ物をすくって食べる。

G 箸を移行持ち（鉛筆持ち）で持つ。

H 箸で煮物などはさみやすい物をはさんで食べる。

I ごはんをかきこまずに、はさんで食べる。

J 箸の間に中指を入れて使う。

K スプーンやフォークを上手に使う。（こぼさずにすくう、巻くなど）

L 箸を上手に使う。（切り分ける、ほぐすなど）

A	B	C	D	E	F	G	H	I	J	K	L
段階　1		段階　2			段階　3			段階　4		段階　5	

段階1（A〜Bに✓をつけた人）
スプーンやフォークに慣れる段階。
使いやすい道具を探して、持たせましょう。
手を添えて持ち続けるように促します。

段階2（C〜Eに✓をつけた人）
スプーンやフォークの使い方に慣れる段階。
すくって食べる物、さして食べる物を区別して練習します。慣れたら箸に向けて移行持ち（鉛筆持ち）に切り替えましょう。

段階3（F〜Hに✓をつけた人）
箸、フォークなどを併用して練習する段階。
はさみやすい物で箸を使う練習をします。
はじめは箸の間にビーズをはさんだり、ピンセットのように改造して行なうとよいようです。

段階4（I〜Jに✓をつけた人）
箸でかきこまないことや正しい箸の持ち方を教える段階。
子どもの持ち方をよく観察して、力の入れ具合など、手から手へ伝えましょう。

段階5（K〜Lに✓をつけた人）
道具を上手に使って、きれいに食べることを目指す段階。
大人が見本を示して、よりよい使い方や作法を教えていきましょう。

上手に食べよう（口の中の動きをよくするために）

唇や舌の動きが十分ではないために、食べ物をこぼしたり、飲み込めないことがあります。上手に食べるには、食べ物を取り込む（捕食）、食べ物を細かくして唾液と混ぜる（そしゃく）、そしゃくされた食べ物を飲み込む（嚥下《えんげ》）、などの各機能の発達を必要とします。そうした一連の動作を摂食と言います。

摂食機能の発達には順序性があります。食べる機能を促す訓練は、発達に応じた形態の食べ物を用い、先を急いでは逆効果です。ここでは、日常生活のなかで配慮できることについて紹介します。

つまずき別の対応

①口から食べ物をこぼす子

あごの運動が弱く、唇を十分に閉じられない子どもに多いようです。舌を上下だけではなく、横に動かす、回すなどの動きができないこと、唇を閉じて食べ物を取り込めないことが考えられます。

まず一口に入れる食べ物が多すぎないか、硬すぎないかをチェックします。そして舌や歯ぐきで押しつぶせる程度の食べ物、たとえば、カボチャやプリン、煮魚などで練習してみます。

スプーンを子どもの手前で示し、子どもから、頭や体を近づけて取り込むまで待ちます（図1・2）。こうすると唇が閉じやすくなります。

図2：子どもが頭を近づけてくるまで待つ　図1：スプーンを子どもの口の手前で示す

また歯みがきをする時などに、口周りのマッサージをします。大人の親指と人差し指で唇をはさんで、刺激をするといいでしょう。

②口の中に食べ物をためる子

食べ物をモグモグかめても、ゴックンと飲み込めない子どもがいます。口の中で舌がよく動かない、頬の緊張が足りず食べ物を歯の外側に出してしまうなどが考えられます。

この場合も一口に食べる量を少なめに調節します。食べ物の状態も、とろみをつけて飲み込みやすく工夫します。慣れてきたら、軟らかめに煮た食べ物を舌でまとめる練習をします。牛乳や汁物を一定量、ゴクゴク飲む練習も舌の動きを促すことになります。

こうした子どもの場合、口の中が過敏か鈍感な場合があります。過敏な場合は、歯みがきの時、弱い刺激をゆっくり与えて、過敏さを緩和していきます。鈍感な場合はブラッシングを十分行ない口の中の筋肉を刺激していきます。

③よくかまないで、丸のみにする子

食べ物をよくかまない子には、大きく三つの理由があります。

一つめは、前歯でかみきれないため、大きいまま口にほおばる場合です。二つめは、そしゃくそのものの力が弱い場合です。そして三つめは、苦手な物を口から早くなくしたいため、丸飲みにする場合です。

一つめの前歯を使えない子の場合は、かみきる練習を集中的に行ないます。スナック菓子やスティック野菜などで練習します。一口分の量を子どもに、前歯でかみきるように促します。その後、奥歯でかみ、口の中から食べ物がなくなってから次をかむようにします。

二つめのよくかまない子には、スティック野菜やおしゃぶりこんぶ、さきいか、ガーゼにつつんだグミなどを奥歯の上に置いてかませます。バリバリ音がしたり、かむほどに味が出て、「かむ動き」がわかりやすいのです。

三つめの苦手な物を飲み込んでしまう場合は、アゴの後ろをおさえて、すぐには飲み込めないようにします（写真10）。少量ずつでもかむ様子が見えたらしっかりほめます。徐々に実績を積みましょう。

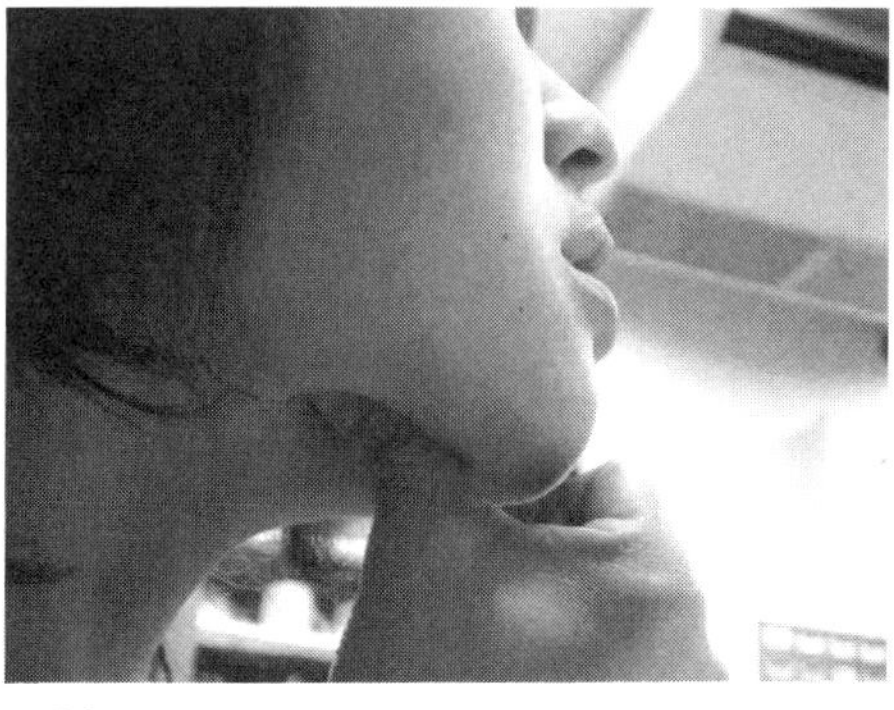

写真10

④口の周りを汚す子

唇での取り込みが不十分、あごや頬、舌の協調運動がうまくいかないことが考えられます。

上手に取り込むために、ヨーグルトなどドロッとした食べ物をスプーンで食べる練習をするといいでしょう。水平にしたスプーンから、子どもが上唇を下げてスプーンのへこみの部分まできれいに取り込むようにさせます。さくらんぼの種出しなども有効でしょう（47頁参照）。スモールステップで、子どもに「できた」、と実感させながら進めることがコツです。

口の中や口の周りの動きをよくするために、ストローで水やジュースなどを吸ったり吹いたり、またラッパや笛を吹いたり、風船をふくらませる遊びもいいでしょう。模倣ができる子には、「お口の体操」など試してみましょう。

機能的な要因で、そしゃくや嚥下がうまくいかない子どもは、口腔保健センターなどで専門家に相談することをおすすめします。子どもの摂食段階にあった食事の与え方をすることが、機能の発達に必要だからです。

お口の体操

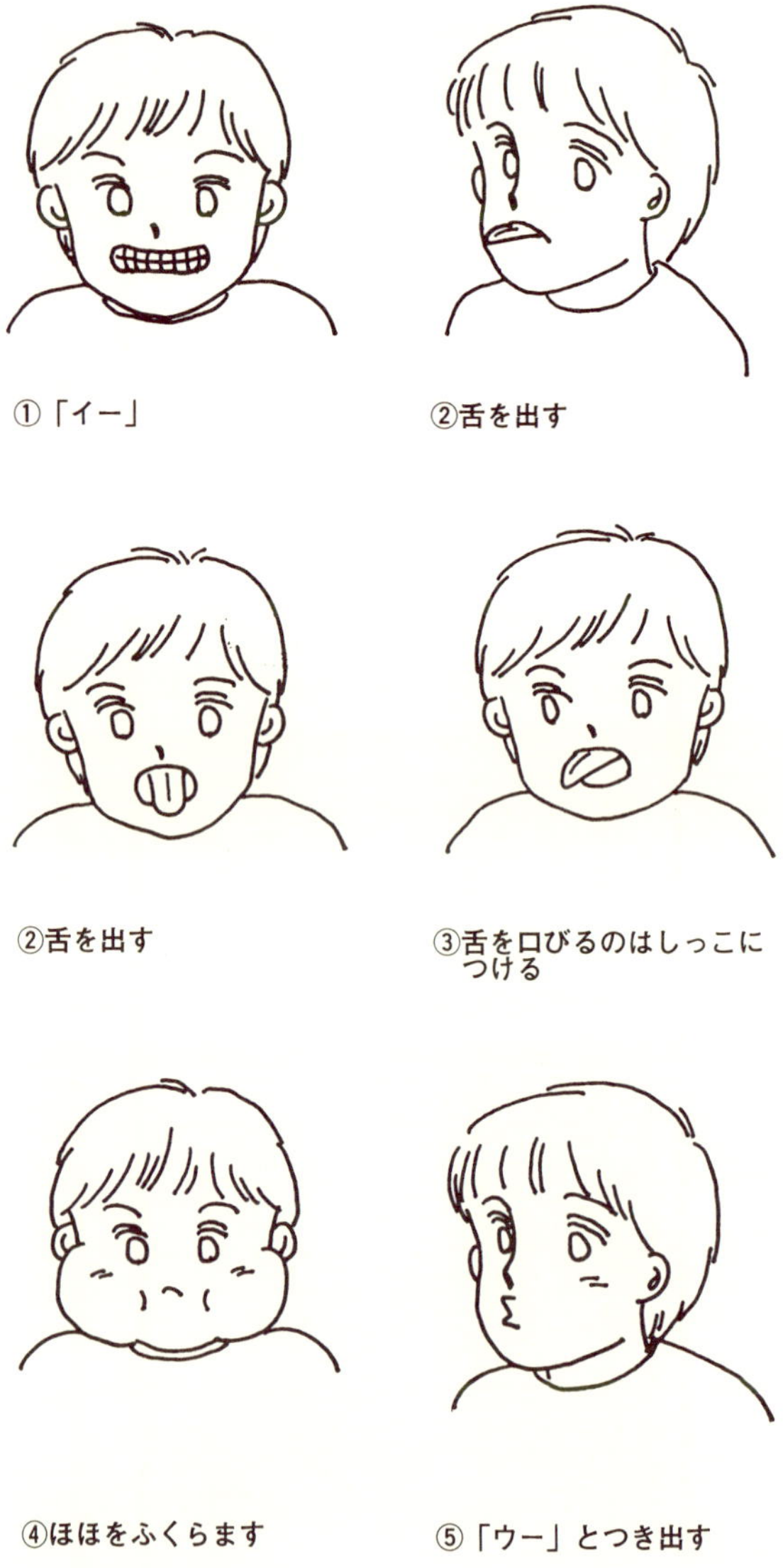

①「イー」
②舌を出す
②舌を出す
③舌を口びるのはしっこにつける
④ほほをふくらます
⑤「ウー」とつき出す

チェック表：上手に食べよう

A　口を動かす時、食べ物の一部が口からはみださない。

B　口の中にためこまず飲みこむ。

C　舌を出さずに食べる。

D　チビチビ食べずに一口で取り込める。

E　奥歯でかんで食べる。

F　ヨーグルトやプリンなどを上唇で取り込める。

G　かんだ物をスムーズに飲みこめる。

H　前歯でかみ切れる。

I　口の中で回してかむ。

J　適量を口に取り込める。

K　かみにくい物も食べられる。

L　口の周りを汚さずに食べる。

M　口を閉じて食べる。

M	L	K	J	I	H	G	F	E	D	C	B	A
段階　5	段階　4		段階　3			段階　2				段階　1		

段階1（A～Cに✓をつけた人）
まだ上手に食べられない段階。
感覚になれさせたり口のマッサージをするなど、口腔機能自体の発達を促すことが必要です。
食材は食べやすいように工夫をしましょう。

段階2（D～Gに✓をつけた人）
何回かかんで食べる段階。
自分で何とか食べますが、各機能の連携が不十分なようです。引き続きマッサージや口の体操などをして、いろいろな口の動きを学ばせましょう。

段階3（H～Jに✓をつけた人）
自分でかんで食べる段階。
細部の動きで不十分なところが残っています。
大きめの食べ物を前歯でかみきる、よくかむ練習をしましょう。

段階4（K～Lに✓をつけた人）
よくかんで食べる段階。
硬いものやボロボロする物など食べにくい物にも挑戦させましょう。適量を口に入れることも身につけさせたいです。

段階5（Mに✓をつけた人）
本人への意識づけ、マナーも教える段階。
口を閉じて食べること、汚れた時にどうするのかなど本人への意識づけを。

マナーを身につけよう

人と一緒に気持ちよく食事をとるには「食べられればいい」では済みません。ある程度自分で食べられるようになった子どもには、そこで立ち止まらず、きれいに見苦しくなく食べることを、くり返し教えましょう。

「マナー」というと「わかるようになってからでないとできない」と思われがちですが、きれいに食べることを徹底していくと、いろいろな場面で自然にできるようになります。どこにいっても、特別扱いされないという意味で大きな財産になるでしょう。

けじめを教える

①座って食べられない子、待っていられない子

「注意しても、本人が座りたがらないので」とこぼすお母さんがいます。「食べてくれれば」という思いで、食事は毎日のことだけにかえってあきらめがち。でもこれは関わりを変えれば、きっと克服できます。

言われて伝わらない子には、行動を止めていくことです。立とうとした瞬間に押さえると、ハッとします。それでも立ってしまったら食事をさげることにします。子どもが求めても「立ってしまった子は食べられない」とゆずらないことです。大人のきっぱりした態度で子どももルールがわかってくるはずです。

食前に家族がそろうまで「待つ」場面も作るといいでしょう。「手を膝にしようね」と、「待ち方」を示して行ないます。周りに合わせる練習になります。

②汚いことの区別がつかない子

食器の扱いがうまくできずに、こぼしてしまうのは仕方がありません。でも「こぼした食べ物は口にしないこと」「落とした箸やスプーンをそのまま使わないこと」をしっかり教えます。こぼした食べ物は子ども自身に拾わせて、一定の場所に置かせ、落とした箸やスプーンは洗いに行かせるようにします。子どもにさせていくと、徐々に自分で処理ができるようになります。自分でやるなかで「食べていい―いけない」「きれい―汚い」の区別もついてきます。

③食べ物を分解したり、はがす子

チャーハンの細かな野菜を一つ一つほじって食べる子、クリーム入りのクッキーをはがして食べる子など、食べ物を分解したりはがして食べる子がいます。複数の物を一緒に食べたくない、というのは自閉的な子に多いようです。

そのままにすると、こだわりになりがちです。「一緒に食べる」ことを求めていきましょう。始めは嫌がりますが、やがて「そういうもの」と慣れていきます。「本当は、はがしたいんだ」、と本人は思っているのかもしれません。でもこういうやりとりで、ルールを受け入れられると、つき合いやすい人になります。

よい形になじませる

マナーへの意識が弱い子ども達にも、次のようなポイントを手や体にしみこませていくと、安心して一緒に食事がとれるくらい「いい感じ」になります。それは「姿勢をよくして、器を持ち、かきこまないで食べる」ということです。

①姿勢の悪い子、器を持たない子

これは一見別々のことのようですが、つながっています。器を持たずに食べる人は、必ず姿勢が乱れ、犬食い（図3）・肘付き・こぼしなどをしがちです。ということで、器を持つことがキーポイントです。すぐに器をテーブルに置いてしまう場合は、席をテーブルから離して置けないようにします。膝の上に置くならば、肘を引きつけて持つように促します。器から手を離すと取られてしまう、というようなイジワルも、関係性のわかる子には有効です。

椅子に座っていると、丸背になったり、背もたれによりかかる子がいます。この時は、足の裏がぴったりつく足台を用意して足を安定させます。足が大きく開いてしまう場合は、膝の間に小さなぬいぐるみなどをはさんで、閉じていられるように促します。また、背もたれのない椅子を使うと、背中を伸ばす練習にもなります。

一方で、テーブルの高さも姿勢に影響します。無理のない姿勢がとれる高さにして、条件を整えてあげましょう。

図3：犬食い

②かきこんで食べる子

箸やスプーンで食べる時、おっくうで、ついついかきこんでしまう子がいます。特に始めの頃は、一人でやれることを優先して「かきこみ食べ」をさせがちです。でもかきこむと、口の周りが汚れるし、たいがいこぼしてしまいます。このほうが楽なので癖にもなってしまいます。大人の方が「この子の食べ方はこんなもの」と決めつけず、ゆっくりでもかきこまず、すくったりはさんだりして食べるように求めていくと、子どもはじりじりしながらも、努力をするようになります。

自分で気をつける

子ども自身が自分の行動についての「マル―バツ」がわかるようになった頃から、マナー面も自分で気をつけるように意識づけていきます。

これまで紹介したことが、身につき始めていると、うっかり忘れても、指摘されれば「あっそうだった」とピーンときて、直しやすくなります。

具体的に意識づけをさせるには、始めから「あれもこれも」ではなく、まずは注意点を一つにしぼります。それについて、どれが「マル」でどれが「バツ」かということを、はっきり区別して伝えます。子どもの様子を見て、手で示したり、表情や口調を違えて伝えるといいようです。その他のマナー面については、さりげなく手で知らせたり、言葉かけで修正させます。

まず、その一つの注意点について、本人が自分でも「マル―バツ」をわかることが大事です。その後は少しずつ意識させる注意点を増やしていきます。言われたことを二つ覚えて行動できる子には二つ、三つ覚えられる子には三つというような目安で意識させます。

子どもへの伝え方は、絵や文字で示すことをよく行ないます。忘れても、それを大人から指差しされると、自分で見て思い出すわけです。意識させる点に次のようなものがあります。

・姿勢に気をつける（背中を伸ばす・足を床につける）
・器を持つ
・かきこまない
・口が汚れたらふく
・順番に食べる
・口を閉じて食べる

子どもが注意点をつかんで、がんばり始めたら、大いにほめます。認められることで努力にみがきがかかるでしょう。また、やりとりを通じて、人や周囲に目を向けられるようになるのは大きな副産物ですね。意識面が高まってくると、世界がグンと広がってきます。

チェック表：マナーよく食べよう

A 途中で立たずに座って食べる。
B 勝手に食べ始めずに待っていられる。
C 泣いたり騒いだりせずに、静かに食事ができる。
D 手づかみをしない。
E 落ちた物を食べない。
F はがしたり、分解したりして食べない。
G 姿勢よく食べる。
H お茶碗を持って食べる。
I 肘をつかない。
J こぼさない。
K 口の周りを汚さずに食べる。
L 一品ばかり食べずに交互に食べる。
M 口を閉じてかむ。
N 食べた後は食器やゴミなどをまとめる。
O 周りのペースに合わせて食事ができる。

A	B	C	D	E	F	G	H	I	J	K	L	M	N	O
段階 1			段階 2			段階 3				段階 4			段階 5	

段階1（A～Cに✓をつけた人）
食事時間のけじめを教える段階。
きちんと椅子に座って食べることや指示に応じられるように働きかける時期です。

段階2（D～Fに✓をつけた人）
食べ方の基本を教える段階。
道具を使うことや、きれい－汚いの区別、落とした物の処理など基本的なルールを教えましょう。

段階3（G～Jに✓をつけた人）
手や体にマナーをなじませていく段階。
姿勢を整えること、お茶碗を持つこと、かきこまないことなど、習慣にさせていきたいです。

段階4（K～Mに✓をつけた人）
マナーとして教える段階。
自分が気をつけるポイントとして、また周りの目を意識させていきたいです。

段階5（N～Oに✓をつけた人）
いろいろな場面でのマナーを教えていく段階。
大人が見本を示し、より良い振る舞い方を伝えていきましょう。

苦手な物も食べられるようになろう

「どうぞ」と出されても、食べられない子どもがいます。「好き嫌い」というより「偏食」の場合が多くあります。

「偏食」が強くなると、頑としてこだわり、応じない子どもがいます。食べられる物が少なく偏っていると、特に発達期は脳の成長に影響すると言われます。しっかりとした対応が求められます。

また、大人に応援されて食べることは、「苦手なことを乗り越える」経験にもつながります。

なかなか食べられない子、その理由

苦手な物を食べられない理由をいくつかあげてみます。

①食べたことのない物を嫌がる子

初めてのことは、まず拒否してみるタイプの子どもがいます。すると大人は、「嫌いな食べ物」と受けとめ、「そんなに嫌がるなら」と食卓からつい除いてしまいがちです。まずこの流れを打ち切りたいものです。

②感情的にこじれてしまった子

「食べないから」と強く叱ったり、子どもを否定するような言動をとると、関係がこじれて「絶対に食べない」という状態になることがあります。食べさせるには、大人がきっぱりと毅然とした態度を示す一方で、子どもを応援するような気持ちでいることが大きなポイントです。

③そしゃくや嚥下につまずいている子

うまくかめない、飲み込みにくい食べ物のために、食べたがらない場合があります。たとえば、おもちや練り物、ゆで玉子などです。かむ時に、舌や歯を動かして食べ物を回すことができるかなど、口の中の動きを見る必要があります。

④触感が苦手な子

食べ物の触感がツルツルしていたり、冷たいなどに、なじみにくくて嫌がる場合があります。たとえば、コンニャクなどです。

⑤食べ物、食べ方、場面にこだわる子

自閉的な子どものなかには、①～④までの理由と重なり、特定の食べ物を取り除こうとこだわる子がいます。ちらりとでもその食べ物が見えると、口に入れることを嫌がります。

丸かじりはいいけれど、小さく切ってあるといや、と食べ物の形にこだわる子もいます。スプーンで飲むのはいいけれど、お椀からではいや、と食べ方にこだわる子がいます。家以外なら食べられる、といった場面にこだわる子もいます。

どのように働きかけていくか

子どものつまずきの理由を探ったうえで、苦手な物にも少しずつ「慣れさせる」ことが基本となります。特に初期は大人に毅然とした態度が求められますが、感情的にこじれてしまわないように十分気をつける必要があります。

次のような方法やポイントがあります。

①好きな物を一緒に示すか、「食べたらあげる」

嫌いな物もスプーンの上に好きな物と一緒にしておくと、食べてしまうことがあります。食べられたら大いにほめてあげます。慣れてきたら「嫌いな物を食べたら、好きな物をどうぞ」というやりとりをしながら、進めていきます。

②「食べられた」経験をさせる

でも①のやりとりが通じない場合も多くあります。未経験かこだわっている場合、まず食べる経験をさせていきます。

大人が子どもの口の中に少量の食べ物を入れます。抵抗して出そうとしますが、出させないように介助します。始めは、少しかめばとけたり飲み込みやすいものだと、取り組みやすいようです。

「食べない」と頑なになっている子どもに「大丈夫、食べられる」ということを教えていくわけです。始めは汗だくになるでしょうが、ここは大人のがんばりどころです。

③少量ずつすすめる

口の中にためてしまう場合は、一回に口の中に入れる量を減らして、ほお張らせないようにします。そしゃくや嚥下がうまくいかない子は、上あごや歯の外側に押しつけてしまう場合があります。この時は大人が、指で歯や舌の上に戻してあげます。

④自分で食べた実績を作る

少しでも「食べられた」という経験を積むと、嫌がる度合いも徐々に減ってきます。それでも、なかには「食べさせてもらった」という状態にこだわって、「食べさせてもらおう」とする子がいます。このような場合は、好きな物でもとにかく「自分で食べられたね」という経験を、一緒にすることから始めます。

こうしたやりとりのなかで、始めは子どもが泣くことも多く、「かわいそう」だと思ったりして、食事の時間がいやな思いになるかもしれません。それでも、大人が毅然とした態度で応援していくと、そんなに長く続く混乱ではありません。

偏食を克服していくと、全体的なこだわりも減り、疎通性がよくなる子どもが多いようです。「苦手なことを乗り越える経験」は、子どもの自己コントロールの力を高めます。「とても嫌がっていた」食べ物も「あたり前のように食べられる」ことが多くなり、楽しい食事の土台ができてきます。

チェック表：苦手な物も食べられるようになろう

A　苦手な物を食べさせようとしたことがある。

B　苦手な物を食べることもあるが、次のような条件の時に食べられないことが多い。
・初めて食べる物の時
・慣れない場所で食べたり、慣れない人と食べる時
・かみにくかったり、飲みこみにくい物を食べる時

C　好きな物と一緒にすると、嫌いな物も食べられたことがある。

D　特定の人となら「嫌いな物を食べたら好きな物」というやり方で食べられる。

E　自分からは食べなくても、「食べなさい」と言われたら渋々食べる。

F　励まされたら、自分から食べる。

G　何も言われなくても自分から食べる。

A	B	C	D	E	F	G	
段階　1		段階　2		段階　3		段階　4	段階　5

段階１（A～Bに✓をつけた人）
まずは大人が心構えを作る段階。未経験のことや、させられることへの抵抗感の大きい時期です。子どもの苦労に共感しつつも、ある時には毅然とした態度で子どもの努力を引き出したいです。

段階２（C～Dに✓をつけた人）
食べられた実績を作る段階。「苦手な物を食べたら好きな物」というルールで少しずつでも食べられた実績を作りましょう。そしゃくに問題がある、触感がイヤなどつまずきの原因も探りつつ、口腔マッサージなど対策を考えましょう。

段階３（E～Fに✓をつけた人）
大人に促されて自分で食べる段階。促される中で、がんばって食べられたという経験を。子どもの努力を支えていきましょう。

段階４（Gに✓をつけた人）
見守られる中で自分で食べる段階。励まされたり、おいしそうに食べるモデルを見せて、自分から食べるように期待をかけましょう。

段階５（✓のない人）
苦手な物も自分で食べる段階。

外食に出かけよう

多くの子ども達にとって「外食」は楽しみなことでしょう。時々子ども達とレストランへ出かけると、足取りが軽くわくわくしている子、メニューを丹念にながめ、目がキラキラしている子など、子どもの気持ちがよく伝わってきます。

ところがこの場面で、子どもの弱点がけっこう見えてきます。食事は、人との交流の場では、かかせないものです。一緒にいる人を不愉快にさせず、お互いに気持ちよく食事をとることを目指して、基本的なマナーや自分で食べたい物を「選ぶ」といった必要な技能を教えましょう。

外食で見えてくる子どものつまずき（マナー面と関連して）

前述のマナー面で触れなかった点について紹介します。

①自分の物と人の物の区別がつかない子

「お母さん、おかわり」というと、ごく自然に他の家族の皿から食べ物を分け与えられる子は要注意です。外食時に平気で人の物をねだる行為は、周りを興ざめさせてしまいます。

日頃の食事で、自分の物以外は食べさせないようにする、といったけじめを教えることです。

②周囲に気をつけて動く、静かに物を扱うことが難しい子

「ゆっくり」や「ソッと」物を操作することが難しい子どもがいます。たとえば、レストランで上着をガバッと脱いで、テーブルの上の物を落としても気づかない子、手指の微調節がうまくいかず、ソースや塩など調味料をかける時、思いきりかけてしまう子です。

日常のなかでは、次のような練習も考えられます。

配膳の手伝いで、重ねたお皿やお椀を静かに運んだり、また汁物をこぼさずに運ぶことです。手に重みが伝わり、出来不出来がわかりやすく、周囲に気をつける練習にもなります。料理の手伝いでは、目盛りまで水を入れるなど、微調節をすることなどが練習になるでしょう。このように出来不出来や目安がわかりやすい題材で、自分の行動を調節する練習をするといいでしょう。

自分で選ぶ

ファミリーレストランなどでは、きれいな写真のメニューが一般的です。これなら子ども達でも自分でメニューを選びやすいのですが、好きな物を選ぶことは子ども達にとって、けっこう難しい課題でもあります。

①選ぶというルールがわかっていない子

「どれにする？」と聞かれて、キョトンとしていたり、次々と指差しをする子がいます。「選ぶ」というルールがまだわかっていないのです。

こうした子には、おやつや買い物の場面で、二～三種類の物のなかから好きな物を選ぶ練習をします。

始めは好きな物とそうではない物をわけて、うまく選べるように仕向けるといいようです。それでも不本意な物を選んだりしますが、好みではない物を食べるはめになって、「がっかり」など悔しい思いを経験するうちに、選べるようになってきます。

②大人の言いなりになりがちな子

選べても、結局自分では決められずに大人の言いなりになってしまう子もいます。受け身になりがちで自信のない子に多いようです。メニューはどれもおいしそうで目移りすることもあるでしょうから、日常では次のような練習をします。自分で行動する時、大人に指示されてではなく「～をします」と自分で言って動く、また買い物に行った時は、自分でメモを見て商品を探すなどです。自分で決めたり、意志を伝える経験は、何より本人の自信になると思います。外食場面に限らず、その他、意図して場面を作り、練習を積んでほしいものです。

外食ならではのマナー

外食やパーティなどで必要とされるマナーに次のようなものがあります。

・フォークやナイフの使い方
・ナプキンの使い方
・大皿から小皿に取り分ける
・お皿が回ってきたら、自分の皿に取り、隣へ回す
・立食パーティの時の食べ物の取り方（食べ物を取ったら、テーブルからすぐどくことなど）

子ども時代から、そういう文化を体験させ、伝えていきたいものです。

適量を選ぶ、バランスよく選ぶ

外食に行き、うれしくなって次々と好きな物を注文しようとする子がいます。またいつでも注文するのは「カレーライス」と、頑ななほど決めている子もいます。

なかなか難しいことですが、これは経験が何より必要なようです。少なくとも外食や買い物で大人が子どもの好きな物を選んであげていたら、身につくことではありません。食事の献立を大人と一緒に考えてみる、家族の注文を聞いてお弁当を買いに行かせることなどが、コツをつかむきっかけになるでしょう。

お金を自分で払う経験をする

子ども達が外食する時は、支払いは大人というのが普通だと思います。でも小学校の高学年になったら、本人にお金を託して任せてみることも試みます。うれしくて調子にのり、所持金をオーバーするほど注文し、不足分を大人から借りるはめになったりする子がいます。楽しい食事の後に、小言を聞かされるはめになってしまうかもしれません。

お金の価値や金銭感覚がわかることは、お金の計算ができたり電卓が使えることなどとは別のことです。値段の決まっているファミリーレストランやファーストフードなどへ行く時は、自分で支払う経験をさせるといいでしょう。

チェック表：外食に出かけよう

A （食前や食後に）座っていられる。

B 人の物に手を出さない。

C 手を使わずに箸やスプーンで食べる。

D 苦手な物でも促されたら食べる。

E 静かに食事ができる。

F きれいな食べ方ができる。
・落とした物を食べない
・はがしたり、分解して食べない
・かきこまないで食べる

G 実物や模型を見て食べたい物を選ぶ。

H メニューから食べたい物を選ぶ。
（写真や絵入りのメニューを含む）

I 食事のマナーを守れる。
・口の周りを汚さずに食べる
・一種類だけを食べずに色々食べる
・口を閉じて食べる
・大皿から自分の皿へ取り分ける
・フォークやナイフを使える

J 自分で注文して食べ、お金を支払える。

K 食べられる量やバランスを考えて注文する。

L 予算内で注文し、雰囲気から外れた行動をせずにきれいに食べる。

A	B	C	D	E	F	G	H	I	J	K	L
段階 1				段階 2		段階 3		段階 4		段階 5	

段階1（A～Dに✓をつけた人）
食事のけじめを教える段階。待つことや食べられるものを増やすこと。道具の使い方など日頃の食事場面でていねいな働きかけをしましょう。

段階2（E～Fに✓をつけた人）
食べ方の基本を教える段階。落とした物をどうするか、かきこんで食べないなど、基本的な振る舞い方を教えましょう。

段階3（G～Hに✓をつけた人）
自分で選ぶことを教える段階。日常の中での練習が大切です。実物や写真、絵、文字など本人がわかる物で、自分の好きな物や何をするのか、選んだり判断する機会を作りましょう。

段階4（I～Jに✓をつけた人）
マナーとして教える段階。マナー面について、本人と約束したり目標を持たせて努力させたい段階です。自分でお金を支払うことも体験させせましょう。

段階5（K～Lに✓をつけた人）
いろいろな場所でのマナーを教える段階。フォーマルな場面での外食など、さらに経験を広げていきたいです。

お母さんにインタビュー：著しい偏食を克服して

Q1：当初はどんな偏食でしたか

二～三歳の頃は、ポカリスエットを一日三リットル飲む以外は、ほとんど何も口にしようとせず、ほぼ絶食に近い状態でした。毎日、どうしたら食べてくれるだろう、どう対応すればよいのだろうと、そればかり考えていました。でも、このままでは生命の問題にも関わってくるので、とにかく何とかしなくてはと思っていても、具体的な手立てがわからずにいました。一念発起したのは、四歳になる春でした。

Q2：取り組み始めた頃の、お子さんの状態と関わるご両親の姿勢はどのようなものでしたか

最初は食べさせようとすると、大人の私でも飛ばされそうな勢いで抵抗されました。主人と二人がかりで、一人が体を押さえ、もう一人が食べ物を口に入れることから始めました。アイスクリームが好きでしたので、おかずをほんの一口でも食べたら、大好きなアイスクリームというやりとりを続けました。親子で汗だくになりながら、無我夢中でした。

取り組みを始めて半年ぐらいたった頃から、ようやく苦手な物も、泣きながらでも食べられるようになりました。はたから見れば、私はまさに「鬼母《オニハハ》」のようでした。周りの人からも「そこまでしなくても」と言われたことも少なくありませんでした。「いつまで続ければいいのだろう」と不安な時期もありましたが、「この子のために」と信じて続けてきました。

Q３：お子さんはどのように変化していきましたか

偏食指導に手応えを感じ始めたのは、取り組みを始めてから半年ほどたった頃ですね。いくら泣いてわめいても、目の前にある物を食べないと、その場から逃げられないということがわかってきたのでしょう。次第に、体を押さえる必要がなくなり、時間はかかっても、自分で食べ物を口に運べるようになってきました。

Q４：偏食の改善により、変わったことはありましたか

食事以外でも、思い通りにならないと所かまわずひっくり返る子どもでしたが、偏食指導を通して、その行為も有効でないと本人が学んだのでしょう。パニックになることが減り、大人の指示に従えることが、一つひとつ増えていきました。

Q５：現在はどういう状態ですか。また、かつての日々を振り返っていかがですか

学校の給食に、苦手な物が出ることもありますが、渋々でも食べられるようになっています。まだまだ苦手な物は多いのですが、一つひとつ乗り越えていってほしいと思っています。

今となっては、あの頃が懐かしく思えるほどの余裕があります。でも、もしあのまま偏食への取り組みをせずにいたら、この子は大きくなった今でも、大騒ぎを続けていたと思うとぞっとします。本気で取り組めば、大人の方が体力、気力ともにリードできる幼児期に、取り組み始めることの大切さを痛感しますね。

コラム

肥満に気をつけよう

偏食を乗り越え、技能的にもひとまず食べられるようになってくると、食欲が増して急に太ってしまう子がいます。肥満は、生活習慣病の原因となるだけでなく、体を動かすことがおっくうになり、いろいろな活動への参加も減り、学ぶ機会が少なくなる可能性があります。肥満を解消するためには、時間をかけて次のような対策を行ないます。

肥満の目安

幼児の場合は、次のような表を参考にして下さい。20％以上は要注意です。30％以上になると治療が必要と言われています。

成人の肥満の状態は左記のような式で示され、ＢＭＩで22になる体重が理想とされ、26.4以上が肥満と言われています。

$$\mathrm{BMI} = 体重（kg）\div［身長（m）］^2$$

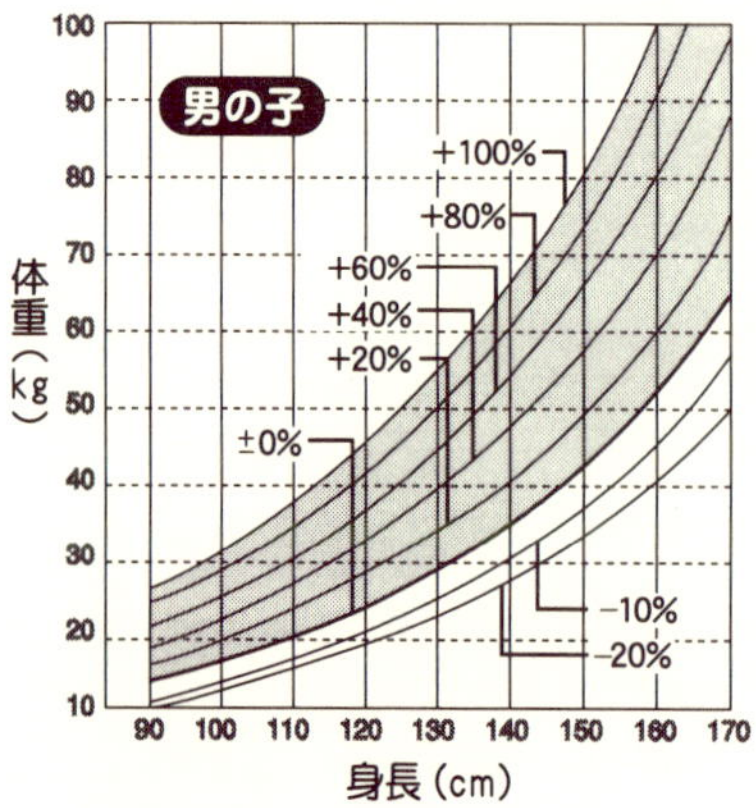

「必修小児科学」南江堂より

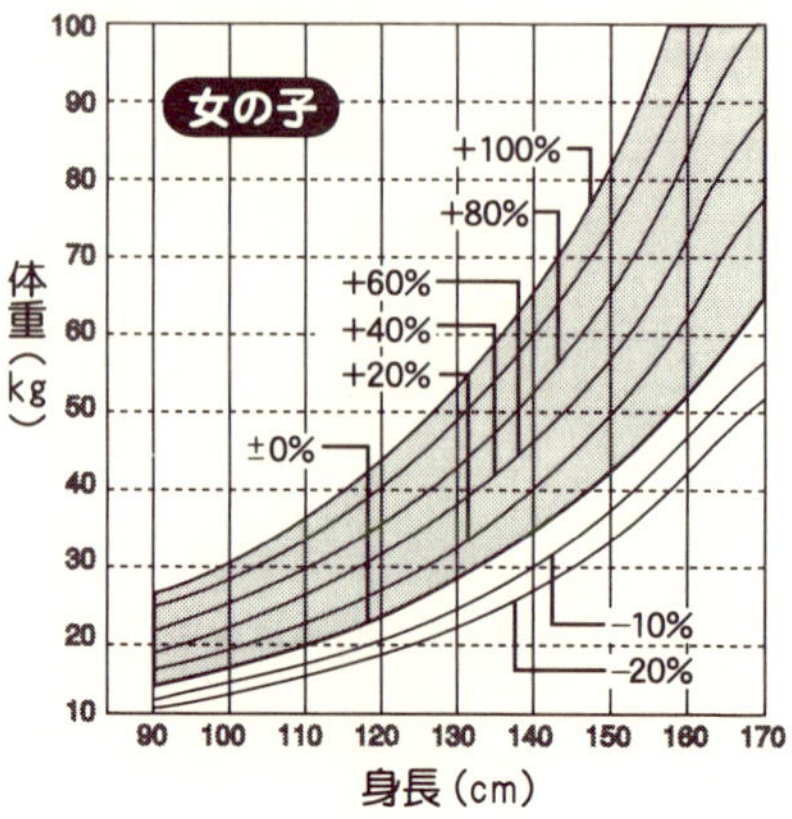

肥満への対策

①糖質、脂質の物を多く取りすぎ、野菜などが少ないという栄養の偏りが、肥満に結びつくと言われています。食べる物を急激に減らすことはせず、バランスを取りながらカロリーの少ない物でも空腹感を持たせない工夫をします。

②チップスなどいわゆるジャンクフードの間食は、カロリーも多く、そのために三食の食事自体を食べられなくすることがあります。間食をとるなら、カロリーの少ない物を選び、お腹をすかせて食事をおいしくいただくのが何よりです。

③野菜サラダと言えば、ドレッシングやマヨネーズとなりますが、これらの脂質は少量で高いカロリーとなります。揚げ物は、頻度を減らし、炒め物には焦げつかないフライパンで油を使わないようにするなど、取りすぎになりやすい脂質を抑えていきます。

④小さい時から食べてよい時と、そうではない時の区別を教えることが大切です。食べ物は好きなだけ食べさせたい、という親心もあるわけですが、食欲が増した時、冷蔵庫を探ったり、炊飯器を空っぽにしたり、お店の物を口にするなど、コントロールがつきにくくなることがあります。

⑤太り気味で、動くのがおっくうになると、肥満傾向の悪循環に陥ります。意識して歩くようにしたり、日常生活のなかで体を動かす習慣が食べること中心の視点を変えてくれます。

判定	BMI
やせ	～ 19.8 未満
標準	19.8以上～24.2未満
過体重	24.2 以上～ 26.4 未満
肥満	26.4 以上

成人

事例　一品食べのこだわりが抜けたA君

小学校二年生のA君は自閉的傾向があります。食事については、箸の扱いが上手になってきたし、好き嫌いも大分少なくなり、家庭では一安心していました。でもある夏キャンプに出かけた時のこと、A君は食事の時に一品食べが顕著ということが発覚しました。「順番に食べようね」と注意をすると、かえって一気にスープを飲んでしまったり、ごはんをたっぷり口に放りこんだり。涙目になってそんなことをするのです。「ふれられたくない」と言わんばかり、こだわりになっていたのです。

A君に対しては、まず「ゆっくり」「一口ずつ」というルールを求めました。大人が見本を示したり、本人が一気に食べようとするのを止めながら練習をしました。自分のスタイルを変えることは、A君にとってはとてもつらいことのようでした。始めは一口食べるごとに泣いていましたから。でも次の食事、その次の食事と回数を重ねるうちに、彼の方が違和感がなくなってきたのか、見守っていれば一口ずつ食べられるようになりました。

次は順番食べを伝える番です。テーブルの上に「じゅんばん」と書いた紙を一枚のせて、「目標にしてみよう」と伝えました。これまでのやりとりのなかで、ルールの方はすでにわかっていたA君。このステップは「一口ずつ」を取り組むよりもスムーズでした。大人に視線を送り、「こうでしょう」と合図しながら。家でも続けてもらい、半年もするとぎこちなかった順番食べも、だいぶ自然な感じになりました。

事例　自分で「選ぶ」ことができるようになったB君

小学二年生のBくん達とレストランへ出かけました。Bくんはメニューを見てオリジナルキャラクターを指差しして「○○ちゃん、××ちゃん」とニコニコ顔です。ようやく献立に目を向けたものの、今度は「ポテト」と言って好きなポテトフライがついている物を片っ端から指差ししていきます。Bくんは結局好きでもない「ハンバーグランチ」を食べるはめになってしまいました。食べるように促されて、涙を浮かべながら。Bくんのお母さんに伺ったところ、いつも外食時は「メニューを見ても選べずもどかしいので、代わりに大人が選んであげていた」とのこと。自分で選ぶ、決めるという場面は、私達の生活のなかに多くあります。でもBくんのように受け身タイプの子どもの場合、大人が代行してしまいがちです。

Bくんの場合、意図的に場面を作ることにしました。外食はそんなに多く行けるわけではないので、主におやつと買い物の場面を使いました。おやつでは、二〜三種類の物のなかから好きな物を選びます。始めは好きな物とそうではない物を選択肢にして、うまく選べるように仕向けました。慣れてきてからは、買い物の練習をしました。大人が離れた所で見ていて、彼が選んだらそばに来るようにさせました。大人が離れると不安になり、あわてて不本意な物を選んだりもしましたが、何度も行なううちに自分で選べるようになりました。

Q&A

自我の芽生えとこれからの対応

Q 四歳になる娘のことで、ご相談します。発達が遅れていると言われてから、着がえや食事の仕方など、身の回りのことが自分でできるようにと教えてきました。これまでは、私の言うことを素直に聞くおとなしい子でしたが、最近は言うことを聞かなくなりました。たとえば、食事中でもお箸の持ち方がおかしいからと教えようとすると、大人の手を払いのけて嫌がるようになりました。

また、食べたい物ばかりを先に食べてしまうので、こっちを食べなさいと言っても、「いい」と反抗して私の言うことを聞きません。最後には、一応一口ずつは食べるのですが。

保育園の先生には、自我が出てきたのだからいいことだ、と言われましたが、どこまで大人の言うことを聞かせなければいけないのか、悩んでいます。

A 保育園の先生が言われるように、確かに自我の芽生えの現われなのでしょうね。

二歳から三歳くらいの頃の子どもは「まだ一人ではうまくできない」と、親にはわかっていることでも「ヒトリデー」とか「ジブンデー」などと言って、やってあげようとする親の手を振り払ったりします。そして、「きちんとできるように教えよう」と思うお母さんと、それを煩わしく思う子どもとの間に、バトルが繰りかえされるという時期を、多くの親御さんも経験しているのでは、と思います。

素直に言うことを聞いてくれて、教えやすかった頃を懐かしく思い、思い通りに応じない目の前のわが子の扱いにくさに途方にくれたり、頭にきたりしそうになりますが、「自分でやる」「一人でやりたい」という気持ちが育ってきたことは、喜ばしいことなのですね。今までのお母さんの根気よい働きかけがあったからこそ、こういう意識も育ってきたのだと思います。

お母さんは、お子さんの発達が遅れていると診断された時から「それならせめて、自分のことが自分でできるようにしたい、できるだけ、人に迷惑をかけないで生きていける子にしよう」と思われたのではありませんか？　だから「身の回りのことが一人でできるように」その技能を教えてこられたのでしょうし、現在まだ、「安心してまかせられる」ところまでお子さんの技能は到達していないのに、教えようとする「愛の手」を振り払われて戸惑い、「自我の芽生えなんて言われても……」と悩んでいらっしゃるのでしょう。

ところが、この「身の回りのことが一人でできるように」という毎日の働きかけのなかで、手を使い、目や耳を働かせて、目的に向かって身体をコントロールしていく積み重ねが、技能だけではなく、精神発達も促してきたのですね。そして今は、「一人でやりたい」という意欲（自我）が育ってきた、ということなのだと思います。

子どもの成長は、いつも親が「こうあって欲しい」と思う形で発揮されるとは限りません。むしろ「扱いにくくなる」ような形で現れることのほうが多いように思います。

この「自我の芽生え」の時期を、親がどう受け止め、どう対応するかが、その後の子どもの周囲への関わり方に、大きく影響してくるように思います。

時々、「この子は、自分に使える手がある、歩ける足がある、ということを知らないのではないか」と思う子に出会います。子どもの「遅れ」の程度にもよると思いますが、「わが子に発達の遅れがある」と知った時から、「何もできない子」「わからない子」と思って、親御さんがすべてわかってあげて、世話をしてあげてきた結果、無気力で依存的な子になってしまったのだろうと思います。この子も、きっとどこかで「ジブンデ」というサインをかすかにでも出したのではないかと思うのですが、世話をする親御さんはそれに気づかず、その芽を消してしまったのではないかと思います。だったら今からこの子は身体も心もいっぱい揺さぶって、目覚めさせることから始めようと思います。

一方、マイペースで人や周りのことはお構いなし、自分のやりたいようにやっていればご機嫌なのですが、少しでも自分の思い通りにならない気配や、意にそわないことを「させられる」気配があれば、ひっくり返って大騒ぎ、というエネルギッシュな子にも出会います（こういう王さまやお姫さまのなんと多いことか）。

こういう子は、「わからない子だから仕方がない」「泣き叫ばれると面倒だし、機嫌よくしてくれていれば楽だから」と思って接してしまったり、「嫌がることをさせるのはよくない」「子どもが自分からやろうとするまで、無理強いをしてはけない」と考えて（そのように指導されていた親御さんも多いのですが）接していた結果、こうなったのだと思います。

こういうお子さんには、これから人として生きていく上で、学ばなければいけないことはたくさんあるのですから、それを学んで身につけていってもらうためには、まず「人からの働きかけに応ずる構え」を、学んでもらうところから始めなければなりません。

お母さんは今まで「身の回りのことが、一人でできるように」と願って、根気よくお子さんに取り組んでこられました。このやりとりのなかで、お子さんは「人からの働きかけに応じる構え」は、しっかりと身についていると思います。その上で「ジブンデ」という意思表示をしているのです。

「これを食べなさい」と言っても素直に言うことを聞かない、ということですが、今までのように「〜をしなさい」というやり方を反省する時なのだと思います。楽な方向に後退する（例えばお箸がうまく使えないからとスプーンや手づかみをする）ことは許さない。そして見守る。そばでおかずとご飯を交互に食べている人（お父さんや他の人達）をうんとほめる。もちろんお子さんが一生懸命努力してやれた時も、心からほめることを忘れずにね。

「ちゃんとできるように」と思うあまり、ほめることが少なくなりがちです。ほめられる喜びが、自信や更なる意欲を育てるのです。　（石井　葉）

Q&A 幼稚園児のひと言に……

Q 発達に遅れのある三歳の女児の母親です。遅れに気づき始めた頃は、不安でたまらず、同年齢の子とつい比べては「これくらいのことがどうしてできないの！」と子どもにあたったりもしました。でも、彼女の遅れを受け入れられるようになってからは、もうよその子と比較するのはやめ、「この子なりの早さで成長すればいい」とゆったり接するようになりました。

今は週一回、母親同伴で幼稚園に通っています。娘がお弁当の時に、隣の子のフォークを取ろうとして私に止められ泣きわめき、椅子からずり落ちている様子をじっと見ていた女の子に、「おばちゃん、○○チャンだめだね」と言われ、ドキッとしました。まだできなくても仕方がない、そのうちできるよと割り切ってきたつもりでしたが、できないのはだめなことと見るのが世間。当たり前のことなんですね。あせらず育てようと思うあまり、いつの間にかこの世間の目を忘れていたことに気づかされたひと言でした。

それにしても、気長に成長を見守りつつ、「このくらいできなきゃ」という、世間の目も持ち続ける「親」をつとめるのはなんと難しいことでしょう。

A 世間の目には二通りあると思います。

一つは病気や障害のために本人や周りの努力ではどうにもならないこと、目が見えない・耳が聞こえない・体が動かせないなど、一次障害と言われることに投げかけられる冷たい目や心ない言葉、いじめなどです。これに私達は毅然として立ち向かい、なんとしてもこうした世間の目は変えていかねばならないと思います。もし、子ども達が「だめだね」などと言ったとしたら、きちんと教えていかなければならないと思います。

しかし、育ちのなかでついてしまったわがままや、自己中心、コントロールの不足、本気でやればできるようになることをしない、歩ける力があるのに歩かない、などに対する世間の目や批判には、耳を傾け、謙虚になることが大切だと思うのです。

あなたもドキッとされて、その子の言葉の当たり前さに気づかされて悩まれたのだと思います。

私もよくこうした経験をします。先日もある保育園に行った時のことでした。自閉的で発達の遅れのある子のことです。四月にはいってから、好きなヨーグルトとパンしか食べようとせず、遊びも好きなビニールを振り続けているだけ、他の遊びに誘っても嫌がります、そうした子の相談でした。

抵抗する子の手を取って園庭を走ったり、ブランコに抱っこして乗ったり、滑り台に連れて行ってすべらせたりして遊びました。泣きながら私に手をとられている子の側に寄ってきた男の子が、

「だめなんだよ、この子遊べないの、なんにもしないんだよ」

他の子達も口々に言うのでした。それでもやめようとしない私に「やめろよ！」と怒鳴る子なんかもいます。

三十分もたったでしょうか、泣き叫んでいた子の泣き声がなくなり、なんとなく私に寄り添い始めた子の所へきて、一緒にすべってくれたり、隣でブランコに乗ったりし始めたのは、先ほど「この子だめなんだよ」といった子達でした。そしてこの子は、体を動かしたためか、少し強引に食べるように仕向けたためか、今まで絶対に食べられなかった何種類かの食べ物が食べられたのでした。

それを見ていた周囲の子は、「やったね！」「この子だめじゃないね」とほめてくれたり、慌てて、自

分の給食を残すまいと食べ始めるのでした。あなたのお子さんに「だめだね」と言った子はとても関心を持ち、本当は心配してくれているのだと思います。

あなたもわかっていられると思いますが、関心を持つことが友達としてつきあえる始まりです。ハンディキャップのため時間がかかりますし、ふつうの子どもが当たり前にわかってくることも、一朝一夕ではなかなか身につきにくく、くり返し教え続けなければ身についていかないので、つきあう親達はとても根気のいる子育てです。しかしこの子達は決して「だめな存在」ではなく、よい力を持った少年少女となって、当たり前で愉快な生活をしていきます。

『小さい頃は、私も他人の言ったことがとても気になっていましたが、そのうち言われると「なにくそ！」と子どもに働きかけ、そうするうちに子どもにも確かな力が育って、今では自立することができました。当たり前な感覚で、子どものことを知らせてくれる人々の存在は、ありがたいとも思えるようになりました』ある母親の言葉です。

現在、異質なものへのいじめや疎外が子ども達の世界にもはびこり、心を痛める事件が多く辛いですね。ずいぶん前の話ですが、自殺しようと町をさまよっていたある青年が、町のなかで歩道と車道の段差を車椅子で乗り越えようと額に汗いっぱい流して、とうとう乗りあげた人の様子を見て、死なないで生きようと自殺を思いとどまったと聞いたことがあります。ハンディキャップを克服して懸命に努力する姿は多くの人に勇気を与え、けなげに生きている姿から、子ども達も学んでいきます。発達障害の子は身体障害に比べると障害が見えにくく、なかなか周りの人にわかりにくいのですが、懸命に生きる姿から子ども達は学び、また、世間の目を育て、暖かい物に変えていくと実感しています。

あなたもお子さんと共に幼稚園でみんなと仲良く過ごしていかれていることでしょう。歩みは遅くても今に周りの子ども達から「やったね！」と励まされることでしょう。　（辻　滋子）

第3章

指導の実際　排泄

オムツをどうやって卒業させていくか、あせりはあっても、
なかなかつまずきを乗りこえられない子ども達がいます。
春から夏にかけての時期に、
上手にトイレでの排泄に切り替えられるよう、
どこでつまずいているのかをまず見きわめて……。
そして時間をかけてじっくり取り組みたいテーマです。

トイレでの排泄を目指そう

周りの子ども達が次々とオムツを卒業していくのに、四歳近くになってもオムツが手放せないと、「いつになったらトイレでしてくれるのだろう」とあせりが出てきます。でも半面「がまんができないから」「伝えられないから」と、取り組みが後回しになりがちです。

トイレでの排泄も、他の生活のことと同様に自然に「いつの間にかトイレでできた」ということではなくて、みんな「トイレでする」ことを教わってできるようになったのです。トイレで排泄できるようになると「お兄ちゃん（お姉ちゃん）になったね」と、子どもの印象がかなり変わります。いろいろな所へ安心して出かけられたり活動の幅も広がります。

大人はゆったりと構える

トイレ以外でオシッコやウンチをしている期間が長いと、オムツやパンツで用を足す方が当たり前になってしまいます。これを切り替えていくには、トイレ排泄を目指しつつも、神経質にならずにゆったり構えることが肝心です。

まず便座に座ることから始めます。オシッコをするかどうかは別として、トイレになじませていくのです。便座を温めたり、足で踏ん張れるように足台を用意したり、子どもの好きなキャラクターを貼ったり、好きな音楽を流したりと、環境を整えてみましょう。始めはおしりを出していることが心もとない子どもも、徐々に安心して便座に座っていられるようになります。

予兆をつかむ

オムツ外しは、春先から夏にかけてが、取り組みやすいと言われています。身にまとう服も軽くなり、おしりを出しても寒くないからです。オムツを外したら、時間を区切ったり、また用を足したい素振りをしたらトイレに連れて行きます。

子どもはつま先立ちになったり、部屋の隅へ行ったり、一瞬息を止めたり、さまざまな素振りを示します。始めはトイレに行ってもすぐには出ません。でも素振りをつかんでトイレに行かせると確率は高くなります。

持久戦になることも多いのですが、ねばって取り組むと「ついに成功」という時が訪れます。ホッとする瞬間です。「トイレでできてえらいね」と大いに子どもをほめてあげましょう。

でもしばらくは体調や天候などのいろいろな理由で、成功したり失敗したりと、波があるものです。あるお母さんはこんなことを言っていました。「いつも出かける時はパンツを十枚近く持っていくわ」と。このような母親のおおらかな態度は、子どもの状態にもいい影響を与えるものです。

ウンチの方もオシッコと同様に素振りをキャッチできるのですが、オシッコに比べて頻度が少なく、なかなかスムーズにいかないことが多いものです。でもここを乗り越えてください。週一回の成功が、次第に週二回、三回と徐々に頻度があがります。

成功した時はカレンダーにシールを貼るなど、子どもだけではなく、大人も励みになる目安をお勧めします。この時期は、トイレで排泄することを子どもに伝える、大切な時期とも言えるでしょう。

カレンダーにシールを貼って励みにしよう！

やれるところは自分で

パンツで過ごす時間が伸びて、トイレで成功することが増えたら、子どもにできるところをさせていきましょう。下着を下ろしたり上げたりを大人が手を添えながら伝えていきます。おしりに手が届くようだったら、ペーパーでふくようにさせます。手を添えながら、当て方や力の入れ具合を子どもにさせ、体に伝えていきます。「さっぱりして気持ちいい」という感覚、「自分できれいにする」という意識は、やってもらうのではなくて、実際に自分で手や体を使うからこそつかめるのです。

それから、排泄時の一連の動作もさせましょう。たとえば、灯りをつける、スリッパをはく、終わったら蛇口の開閉をして手を洗うなどです。

また大人に尿意や便意を伝えるように働きかけを始めます。子どもが素振りを見せた時に「トイレ（オシッコ）？」と言葉やサインで問い、表出を促します。子どもはただまねをするだけだったり、反応しないことも多いようです。

すぐには、言葉やサインとトイレに行くという行為が一致しないものですが、働きかけを続けるうちに徐々に結びついてくるでしょう。

こんな例があります。「トイレに行く?」と聞かれ「行く」といつもオウム返しに答えていた女の子が、本当は出ないのにその度にトイレに行くはめになり、本人もその度に困っていました。けれどついに「行かない」と自分ではっきり言えるようになったのです。「いや」「やりたくない」こうした主張をなかなか表明できない子どもも多いのですが、日々のこうしたやりとりが、きっかけになることもあるのです。

チェック表：トイレでの排泄を目指そう

A 大人がオシッコやウンチが出る時の素振りをつかんでいる。

B 大人が子どものオシッコやウンチが出るタイミングをおおよそつかんでいる。

C 一日の中でパンツをはいて過ごす時間が少しでもある。

D おまるや便座に座ったことがある。

E 大人がそばについていれば一定時間おまるや便座に座っていられる。

F タイミングをみて大人が座らせれば、成功することがある。

G オシッコやウンチは、トイレでするということが、わかるようだ。

H 尿意を感じて、促されれば家のトイレに行く。

I 便意を感じて、促されれば家のトイレに行く。

J 尿意や便意を身ぶりやことばで人に伝えられる。

K 尿意を感じて、家のトイレに行く。

L 便意を感じて、家のトイレに行く。

M 大人と一緒ならば、いろいろなトイレに行ける。

N いつトイレに行ったらいいか、自分でタイミングがわかる。

O パンツや周りを汚してしまった時の処置ができる。

A	B	C	D	E	F	G	H	I	J	K	L	M	N	O
段階 1		段階 2			段階 3					段階 4			段階 5	

段階1（A～Bに✓をつけた人）
トイレを未経験、オムツをしている段階。
子どもがオシッコやウンチをする素振りや時間の間隔をつかみましょう。

段階2（C～Eに✓をつけた人）
おまるや便座に座る経験をする段階。
部屋を暖かくしたりトイレを楽しい雰囲気にするなどして、食後など一定時間おまるや便座に座らせましょう。

段階3（F～Jに✓をつけた人）
日中の一定時間をパンツで過ごし、トイレでの成功を待つ段階。
暖かくて体調のよい時が始め時です。偶然に成功したら、たくさんほめてあげましょう。

段階4（K～Mに✓をつけた人）
時々失敗するものの、トイレでの排泄に慣れた段階。
少し待って一人でトイレに行くように促したり、大人に伝えるようにさせましょう。下着の操作も教える時期です。

段階5（N～Oに✓をつけた人）
トイレでの排泄が定着した段階。
いつトイレに行くとよいのか、汚してしまった時の対応など、場面場面で伝えていきましょう。

自分でやろう（男の子のオシッコ）

トイレでの排泄ができるようになると、サッサと下着を下げてオシッコをして、戻ってくる子がいます。小さい時はかまわないのですが、成長してくるとそうはいきません。

行動を切り替えるのが苦手な子ども達、衣服の操作の仕方から身だしなみまで、「望ましいやり方」をていねいに教えたいものです。ここではまず排泄時に示す子どものこだわりへの対処、そして男の子の排尿の技能の教え方について紹介します。

こだわりは早いうちに対策を

こだわりと言えば、代表的な物に「偏食」がありますが、「トイレ」についても頑ななくらいこだわりを見せる子がいます。お父さんのなかには、自分のリラックスのために、排泄時に下着を脱ぎ取って、相当長い時間を個室で過ごして、落ち着くなどという場合があるようです。でも子どもの場合は、事情が違います。

子ども達のこだわりは、そのままにされると「そうでなくてはならない」という図式に、すぐなりやすいのです。どうしてこだわりを持ってしまったのか、つまずきの理由を探りつつ対処を考えていきましょう。

①パンツを全部脱ぎ取らないとできない子

つまずきの理由は、始めに身につけたやり方にこだわり、新たなやり方を受け入れられないためと考えられます。膝下で下着をとめたり、前立てから排尿する感覚を受け入れにくいのかもしれません。

対策は「慣れさせていくこと」が第一です。大人が子どもの下着をおさえたり、下着を脱ぎ取らないで排泄できる実績を作りましょう。始めは嫌がっていても、くり返すうちに、そうするものとして、受け入れられるようになります。

下着を脱ぎ取らずに排泄する

②便座にお尻をついて座れない子

洋式便座の上にのり、和式便座のようにしゃがまないと、オシッコやウンチが出ない子がいます。こうした子は多くの場合、感覚に問題を持っているようです。便座の冷たい感じに慣れない、足を床につけて踏ん張れないなどです。

感覚の受け入れに問題のある子の場合、乾布摩擦や足をよくもみほぐすなど、皮膚感覚に直接刺激を与えていきます。トイレでは、やはり「慣れさせていくこと」です。便座を温める、室温を高くするなどの配慮をしたうえで、便座に座る練習をします。いつも大人が見ているわけにもいかないでしょうから、朝は必ず便座に座るなどと決めて取り組むといいでしょう。

③扉を閉めてできない子

これは健常の子ども達にも幼いうちはよく見られます。大人と一緒に扉を開けたやり方から変更できないのです。これにはスモールステップで対処します。まずは家のトイレで、扉を開けたまま一人でする。次に大人と一緒に個室に入り、扉を閉めてする。その次は一人で個室に入り、大人の声かけのもと扉を閉めてする。このように徐々にステップを踏み、目標の行動に近づけていきます。

こだわりへの対処のポイントは、後回しにしないことです。いろいろな場所のトイレにも安心して行かれるように、子どもの困難さを感じながら、慣れるための練習をつんでほしいものです。これはまた、子どもにとって苦手を乗り越えた大きな実績にもなります。

下着の操作、前立てを使う

足腰に障害がない子どもの場合は、立って排尿するように指導します。家では洋式便座に座ってする子どももいるようですが、立便器が普及している現在、立って排尿することに慣れておく必要があるでしょう。

ところで、幼児のズボンは、前ファスナーのない物やあったとしても小さい物がほとんどです。パンツは合わせが深くて指先が届きません。そのため健常の子ども達でも小学校低学年くらいまでは、平気でズボンの前を下げて排尿しています。高学年になって、ズボンの形が変わってくると前を下ろすより、ファスナーを使った方が楽ですし、

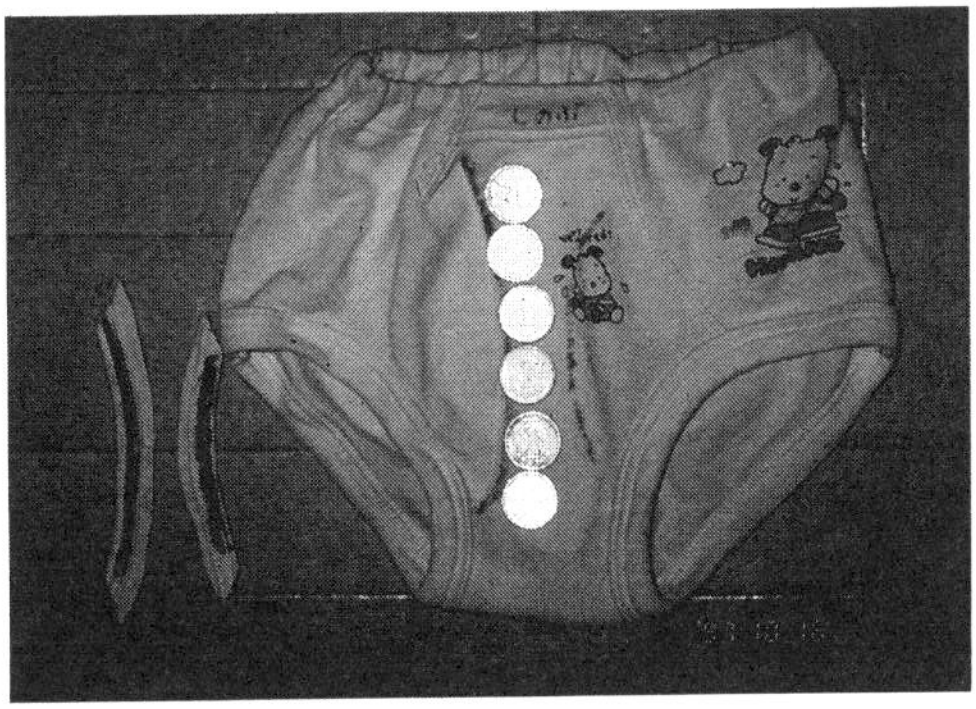

改造パンツ

周りの友達の様子を見るなどして、自然にやり方を変えていきます。

ところが、やり方を自分で切り替えられない子どもは、大きくなってもズボンを下げてしまいがちです。

そこで前立ての使い方を早い時期から教えていきます。指先の動きがスムーズなら、四～五歳から前立てを使う練習を始めます。パンツの合わせを表から一センチ、裏から一センチほど切り取って改造すると使いやすくなります。たくさん切ると、パンツをはいた時にオチンチンの先が常に出てしまうので、注意します。この時期に小さな巾着袋やティッシュケースのなかから、中身を取り出すことなど、たくさん経験させると、この仕組みに気づかせるために有効です。

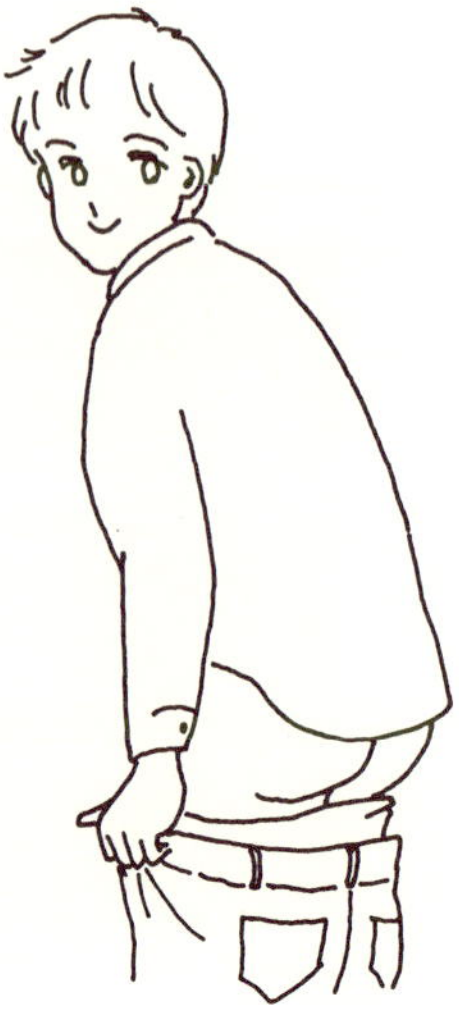

ズボンの前立てを使う

パンツの前立てに慣れたら、次はズボンの前立てにも挑戦していきます。ファスナーの短いズボンは、股合わせの上三～四センチから、長い物につけかえると使いやすくなります。ファスナーの持ち手がつまみにくい場合は、リングをつけたり、マチを開けるように直します。さっとパンツを下げてしまう子には、ベルトを使うといいでしょう。本人も手続きをふむことに気づきやすいし、教える側も、子どもがベルトを外している間にかけつけて、やり方を教えるチャンスができます。

小さい子どもも、やがてはお母さんと一緒にトイレに入ることが、ためらわれる年齢がやってきます。出先でのトイレで、安心してできるように送り出したいものです。お母さんが見てあげられる時期に、前立てから排尿できるようにさせたいものです。

チェック表：自分でやろう（男の子のオシッコ）

A トイレでできる。
B 立ってオシッコができる。
C ある程度がまんできる。（時、所かまわずではない）
D オシッコをした後、水を流せる。
E 自分からトイレに行ける。
F パンツの前立てからオシッコができる。
G トイレに入る前にオチンチンを出さない。
H オチンチンを持ってオシッコができる。
I ズボンの前立てからオシッコができる。
J オシッコをした後、きちんとしまえる。
K 最後まで水気を切れる。
L チャックがないゴムズボンなどの時は前だけ下げてできる。
M （出かける前などに）前もってトイレに行っておける。

M	L	K	J	I	H	G	F	E	D	C	B	A
段階　5		段階　4		段階　3			段階　2				段階　1	

段階1（A～Bに✓をつけた人）
まだトイレではできない段階。オムツが手放せなかったり、未経験ですね。時期を見てトイレに慣れることから始めましょう。

段階2（C～Fに✓をつけた人）
大人が手伝うと立ってできる段階。パンツを下げたり、お尻を前に押してあげれば、できますね。下着の操作を中心に練習していきましょう。

段階3（G～Iに✓をつけた人）
パンツの前立てからできる段階。声かけをしたり、やり方を工夫すれば下着の操作ができるようになった段階です。安定してきたら、ズボンの前立てにも挑戦しましょう。

段階4（J～Kに✓をつけた人）
ズボンの前立てからできる段階。一通りできるようになった段階です。終わった後の身じまいなど意識面のことも伝えていきましょう。

段階5（L～Mに✓をつけた人）
マナーや配慮面を教える段階。前もってトイレに行くことや公共のトイレを利用するときのマナーも教えていきましょう。

自分でやろう（女の子のオシッコ）

女の子の排尿の技能は、下着と衣類の操作、ペーパーでふくことがポイントとなります、女の子の場合、排便と重なるところが多く、衣類の種類も男の子より多いので、個々に応じた練習が必要です。

そして女の子の場合も、身じまいをしっかり手順に組み込みたいものです。言われればやれるという段階がいつまでも続かないよう、日頃から働きかけをしていきましょう。

下着の操作

①キュロットスカートやズボンの場合

前ホックやボタンを外して、膝下でとめることが、まずポイントとなります。小さい時は、全部脱いでする方がすっきりしますが、早めに切り替えた方がいいようです。便座に一人で座れるくらいの体になった頃が目安です。

この服装の場合、排尿中は衣類のことを気にせずにやれます。後は終了後の身じまいです。シャツのすそを入れ、ファスナーを上げ、前ホックやボタンをとめる、と着脱動作と重なります。特にすそ入れの部分が忘れやすく、手順としても難しいのでていねいに。

②スカートの場合

スカートの下に手を入れ、下着を下ろします。便座に座る時はスカートをまとめます。これをしないと、すそを汚したり、ふく時に邪魔になります。始めは短めであまりすそが広がっていないスカートなど、やりやすい物でまとめ方を練習しましょう。

終了後の身じまいは、下着を引き上げるだけでは、スカートのすそがめくれ上がり不十分です。下着を上げた後、シャツやブラウスなど上衣を下に引っ張る、そしてスカートを上から押さえるという手続きを教えます。スカートのなかの操作は、見て行なうというより、手の感覚や体の感覚が頼りです。それだけに大ざっぱにやって後から直すというより、始めから手順を追って、一つひとつさせた方が確実にやれるでしょう。

ペーパーでふく

ペーパーカットについては、排便の始末のところでふれます。

ふき方は、前からふくやり方と後ろからふくやり方があります。どちらにするかは、子どもの手や体の動かし方、また体型からやりやすい方を選びます。

ふく時の体勢は、和式便座の場合はそのままの体勢でいいのですが、洋式便座の場合は少し足を広げたり、お尻をあげたりが必要です。でも子ども達には、こうした体勢をスムーズにとれず、立つか座るしかできない子もいます。体が硬かったり脚力が弱いためです。中腰姿勢をとるために、体操で「立ちしゃがみ」の練習をすることなどが、支えの力をつけるきっかけになります。日常動作では必要な姿勢ですので、体操で練習したり、片手を壁につくなど、子どもに応じて工夫してみましょう。

ふき方は、小学校の低学年くらいまでは、その部位にペーパーをあてるくらいで十分です。でも思春期が近くなるとおりものが増えたり、生理が始まったりしますので、少し奥までふかせるようにします。大事なことは、部位にきちんと手を持っていくことです。見えない所の処理ですから、子どもの手と体にふく感覚を伝える必要があります。大人が手を添えて行ない、その後は子どもに任せて様子をみるようにして調節をします。

一方排便の時は、必ず前方から後方にふかせます。便の汚れが前部分につくのを防ぐためです。排尿の時とふき方を区別して教えるようにしましょう。

一日に何度も排泄の場面はありますが、下着の操作やペーパーでふくことは技能的には難しく、進歩も見えにくい子もいるでしょう。うまくいかない子の場合、長丁場になり、介助もパターン化しやすくなります。漠然と手順を追うのではなく、今の状態で子どもに何をさせられるのか、目指すポイントを決めて取り組むといいと思います。たとえば、「下着を下ろす」「お尻を上げる」「ペーパーをあてる」「ペーパーを便器に落とす」など。一つひとつのことをくり返して行なえば、確かなものになります。

チェック表：自分でやろう（女の子のオシッコ）

A　トイレでできる。

B　下着をとれば洋式便座に座ることができる。

C　自分で下着を脱ぐ。

D　ある程度がまんできる。
（時、所かまわずではない）

E　オシッコをした後、水を流せる。

F　ペーパーをわたすと、自分なりにふいて、便器に捨てる。

G　自分からトイレに行く。

H　下着を膝まで下ろしたところで、とめてできる。

I　ペーパーでふき取れる。

J　きちんと下着をあげられる。

K　スカートでもすそに気をつけてできる。

L　ふだんと違う服でも濡れないように気をつけてできる。

M　（出かける前などに）前もってトイレに行っておける。

A	B	C	D	E	F	G	H	I	J	K	L	M
段階　1		段階　2			段階　3		段階　4				段階　5	

段階1（A～Bに✓をつけた人）
まだトイレではできない段階。オムツが手放せなかったり、未経験ですね。時期を見てトイレに慣れることから始めましょう。

段階2（C～Eに✓をつけた人）
大人が手伝うとできる段階。部分的にやれるところがあります。下着の操作を中心に練習しましょう。

段階3（F～Gに✓をつけた人）
一通り手順が身についた段階。下着を膝でとめたり、ペーパーでのふき方、終わった後の下着の操作など練習しましょう。

段階4（H～Kに✓をつけた人）
意識の点でもう一歩という段階。服が濡れないように気をつけたり、身じまいを確かめたり、意識面のことも教えましょう。

段階5（L～Mに✓をつけた人）
マナーや配慮面を教える段階。前もってトイレに行くことや公共のトイレの利用の仕方なども教えていきましょう。

自分でやろう（ウンチ）

排便の始末は、技能的に難しいものです。何となくふけても、確実にふけるまでには時間がかかります。排便の始末の技能が未熟のままだといかに大変か、体が大きくなり思春期を迎え、便の量が増えてくるとはっきりします。そうなる前に小さい頃から、排便の始末になじませていきたいものです。子どもの状態に応じて、段階を追った指導をしていきます。

ペーパーカット

トイレットペーパーを使えるには、次の二つのことが必要です。ペーパーをきれいにカットしてたたむこと、汚れをしっかりふき取ることです。

始めは、昔よく使われていた落とし紙を使うのも一案ですが、現在はたいていのトイレが、ロール式のペーパーを使っているので、早めになじませておきましょう。

ペーパーカットをさせるには、ペーパーホルダーが子どもの手の届きやすい所にあるかを確認します。手が届かない場合は、簡単に取りつけられるホルダーも売っているので、やりやすい環境を整えましょう。

カットのさせ方ですが、次のような手順を追うといいでしょう。

①片手でペーパーを引っ張る。五十～八十センチほど必要ですが、膝の所まで引っ張るなどを目安に

するといいでしょう。

②もう一方の手でホルダーのふたを押さえて、ペーパーを持った手でカッターに合わせて切る。

③ペーパーを半分に折り、それをさらに半分に折って四つ折りにたたむ。または丸めるようにする。

生活のなかでは、日めくりカレンダーをちぎる、タオルやハンカチをたたむなどの練習も有効です。きれいに切ったり、たたむためには、線を意識することがポイントとなります。作業や仕事をする時に、これは大事な力となります。身近な題材での練習が、将来役立つ力につながっていくのです。

ペーパーでふく

どこがお尻の穴なのか、見て確かめられないので、手指や体の感覚でつかむしかありません。なかなか肛門に手が届かないのは、本人が感覚でつかめていない場合か、体のひねりが弱くて届かない場合などです。本人がつかめていない場合は、入浴時にソッと洗わせて、位置を確かめさせます。体の各部位に触れるのにも段階があります。背中やお尻など背後への意識が出てくるのは、標準的な発達の場合でも五～六歳です。そのためあせることはないのですが、着脱でシャツのすそ入れができるようになれば、ペーパーでふく練習を本格的に開始できる、といった目安もあります。

体のひねりの弱い子の場合は、いろいろな姿勢を試してみましょう。一般的に、排便時は後ろからふくことが多いのですが、それではわかりにくく、股の間から手を入れて前からふくとできるという子もいます。ペーパーを動かす方向は、特に女の子の場合は感染のおそれもあるので、必ず横から手を入れて、前方から後方へ向けてふくようにさせましょう。

汚れへの意識

ペーパーでふく時、「三回ふく」と回数を決めている子もいます。始めは形でなじんでいきますから、それでもいいのですが、ふいた後に必ず確認をさせます。体が小さい時はペーパーに汚れもつきにくいため、これで事足りますが、大きくなってからは下着を汚したり、悪臭を漂わせたりして、そうはいきません。ていねいに見てあげられる子ども時代に、ふくことの意味をつかませる指導をぜひ進めたいものです。

具体的には、便がついていたら、「バツ」を示すようにさせ、もう一度ふきます。つかなかったら「マル」を示すようにさせます。始めは自分で判断がつかないので、大人が伝えていきます。様子を見て自分で判断させて行動に移すよう促します。

生活のなかで、汚れへの意識を持つ場面がたくさんあります。たとえば、手洗い、テーブルふき、食器洗い、鼻をふくなどです。子ども達を見ていると一応、形通りはやるけれど、「きれいにする」意味がわかっていない子がかなりいるように思います。毎日の積み重ねとともに、感触や見た目にもわかるような工夫をしてあげてください。意味がわかり自分で判断できると、役に立つ力になります。排便の始末そのものは、レベルの高いものですが、手近な題材のなかでも汚れの意識を高める練習をつめると思います。

ペーパーにウンチがついている
かどうかを判断させていく

チェック表：自分でやろう（ウンチの始末）

A　トイレでできる。
B　ペーパーをお尻にあてようとする。
C　終わった後、自分で水を流す。
D　パンツを全部脱がずに、足もとでとめてできる。
E　自分からトイレへ行ける。
F　肛門にペーパーをあてられる。
G　ペーパーを自分で切れる。
H　（一回ではなく）数回自分でふける。
I　手や服や周囲などを汚さない。
J　ふいた後、ペーパーについた汚れを見ることが習慣になっている。
K　汚れがつかなくなったら終える。
L　軟便の時でもきれいにふける。
M　どこの場所（和式、洋式、公衆トイレなど）でも一人で行ける。

A	B	C	D	E	F	G	H	I	J	K	L	M
段階 1		段階 2				段階 3			段階 4		段階 5	

段階1（A～Bに✓をつけた人）
大人がふいている段階。
まずはトイレでする感覚に慣れましょう。習慣になってきたら手を添えてペーパーでのふき方も伝えます。

段階2（C～Fに✓をつけた人）
肛門の近くに手が届く段階。
ペーパーを渡すとそれらしくまねる段階。手を添え正しい位置を一緒にふいてあげましょう。

段階3（G～Iに✓をつけた人）
肛門の近くをふける段階。
まだ一回しかふけなかったり、ペーパーについた汚れを見なかったり、形式的にふいている段階です。

段階4（J～Kに✓をつけた人）
ふけるが確認が不十分な段階。
一通りできるようになった段階。でも確認が十分ではなかったり、身じまいなど意識面でもう一歩というところです。

段階5（L～Mに✓をつけた人）
配慮面やマナーを教える段階。
お腹の調子の悪い時などは見てあげたり、公共のトイレの利用の仕方を教えましょう。

チェック表：ペーパーカット

A 大人がペーパーを渡すと持っていられる。（捨てたりしない）

B 自分でペーパーを引っぱり出す。

C ペーパーを引っぱり出して、手で引きちぎる。

D ちぎったペーパーを自分で丸める。

E ペーパーを肛門にあてる。

F ペーパーを適量引っぱり、カッターに合わせて切れる。（五十〜八十センチが目安）

G （一回だけではなく）数回自分でふく。

H ペーパーを適当な大きさにまとめられる。（八つ折り、二重巻の場合は四つ折り程度、端から小さくたたむなど）

I ペーパーを手や服につかないように扱える。

J しっかり汚れをふき取る。

K ペーパーがない時に、大人に伝えたり自分で補充できる。

A	B	C	D	E	F	G	H	I	J	K

段階 1	段階 2	段階 3	段階 4	段階 5
段階1（A〜Cに✓をつけた人） 大人がやっている段階。 ペーパーを引っぱらせたり、手を添えて一緒にちぎらせたりしましょう。	**段階2（D〜Fに✓をつけた人）** ペーパーを自分でちぎれるようになった段階。 適切な長さをカッターに合わせて切れるように教えていきましょう。	**段階3（G〜Iに✓をつけた人）** ペーパーカットができるようになった段階。 汚れを意識させていくこと、そのためにペーパーを使いやすいようにたたむことも教えていきましょう。	**段階4（Jに✓をつけた人）** ペーパーをまとめられるようになった段階。 軟便の時などもしっかりふけるように、ペーパーを持ちかえたり手の動かし方を教えていきましょう。	**段階5（Kに✓をつけた人）** 配慮やマナーを教える段階。 公共のトイレの利用の仕方なども教えていきましょう。

身だしなみや周りのことまでしっかりと

排泄の技能面を教える時に忘れがちなのは、身だしなみや事後処理など周りのことです。ここまでやれて安心、という一連の手順に組み込んでおきたいものです。

身だしなみについて

・排泄後、シャツのすそを入れる。ファスナーを閉める

周りのこと

・水を忘れずに流す
・スリッパを揃える
・手を洗う
・ポケットからハンカチを出してふく
・灯りを消す

こうして並べてみると、衣類を整える身だしなみの部分は練習が必要ですが、他の項目の一つひとつはたやすいことです。でも大人にいちいち「手を洗った？」「灯りを消して」と言われて行なうのではなく、自分で確かにできるようになることを目指してほしいものです。

つまずき別の対応

①うっかり忘れやすい子

トイレで排尿をすませ、すっきりして飛び出してくる子がいます。排泄自体は失敗なくできているのですが、身だしなみの他にも、やるべきことがまだあるので、いつも注意をされてしまいます。

このような子には、トイレに入る時に何をしたらいいのか、ポイントを絵や文字で示して（図）、自分で気づかせるといいでしょう。忘れがちなポイントだけを、子どもが見やすい所に貼っておきます。大人に指摘されてやるよりは、お互い気持ちよいうえに、身につけるのも早いと思います。

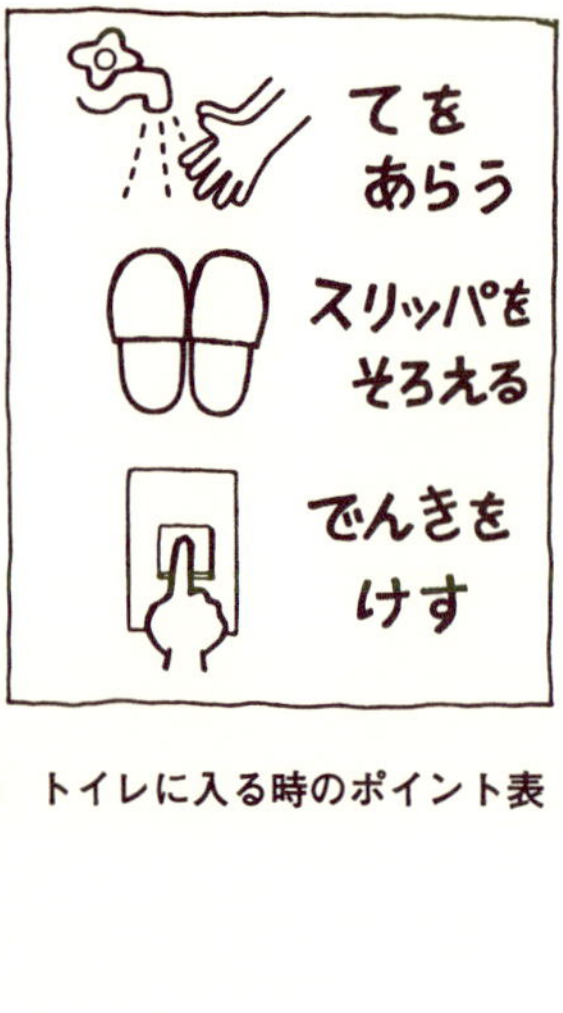

図　トイレに入る時のポイント表

②周りの目を気にすることのできない子

健常の子は、成長するにつれて周りの目を感じられるようになります。「恥ずかしい」とか「かっこいい」などの意味合いをつかめるので、うっかりの忘れん坊も自分で身だしなみを直したり、家ではだらしがなくても、外では気をつけるようになってきます。

ところが、自閉傾向があるなど周りの目を感じられない子は、働きかけていかないと、いつまでもだらしないパターンが抜けません。

こういう子には、忘れやすいポイントを絵や文字で示すとともに、キーポイントとなる言葉を伝えていくといいでしょう。「恥ずかしい」「かっこわるい」「かっこいい」「かわいい」などです。始め彼らはこうした言葉の実感をつかみにくいでしょう。それでも、つき合う大人の方が表情豊かに使っていくと、言葉の含むニュアンスが伝わるものです。直接指摘されるよりは、こうした言い回しで修正できるようになると、他の場面でも応用がきくようになります。

③ 生理が始まった子

女の子は、思春期が近づくと待ったなしで生理が始まります。生理帯をあてる感触に慣れることや、生理の手当そのものは、くり返し練習をするうちに徐々に身についてきます。

初期に教えることは、第一に生理帯を人前で見せないことと、使った生理帯の処置の仕方です。持ち運ぶ時は必ずポーチやポシェット、ポケットに入れることを教えます。生理が始まる前から自分専用のポシェットのなかに、ハンカチやティッシュを入れて持ち歩く練習をする子もいます。使った生理帯は、トイレットペーパーにくるんで汚物入れに捨てさせます。技能的には未熟でも、出しっぱなしにはしないように、子どもに応じたやり方を考えていきましょう。

第二に、下着を汚してしまった時の処置を教えます。汚した時に、あわてて脱ぎ捨てたりせずに、持っているビニールに入れるなど適切な処置の仕方を教えます。「恥ずかしい」という意識を持ちにくい子ども達、外に出た時に周りの人にびっくりされないためにも、必要な技術を教えましょう。

まだ初潮を迎える前の女の子がいる親御さんは、先々のことが心配でしょう。けれどもていねいにやり方を教えていけば、多くの子ども達は自然に受け入れていけます。

和式トイレに慣れる

家庭のトイレは、洋式便座が多いのですが、学校を始めさまざまな施設では、まだ和式便座が一般的です。動きに制限がなければ、和式トイレにも慣れる練習をしましょう。

慣れていないとやり方がわからず、金隠しの上に座ったりします。またやり方の変更がきかず、パニックになることもあります。

覚えたことを、他に応用することが苦手な子ども達です、いざという時に困らないためにも「洋式便座ならできる」と制限しないで、「和式便座でもできる」ように機会を作って練習をしましょう。

汚した時の処理

うっかり便器の外を汚すこともよくあります。流しても便器に便が少しついたりすることがあります。こういう時も大人が全部始末するのではなく、子どもにも処理の仕方を教えましょう。「気持ちよく」トイレを使うためには身につけてほしいマナーです。

話が少しそれますが、排便のためにトイレに入って、大人に訴えたり、トイレットペーパーがない場合、お子さんはどうしますか？

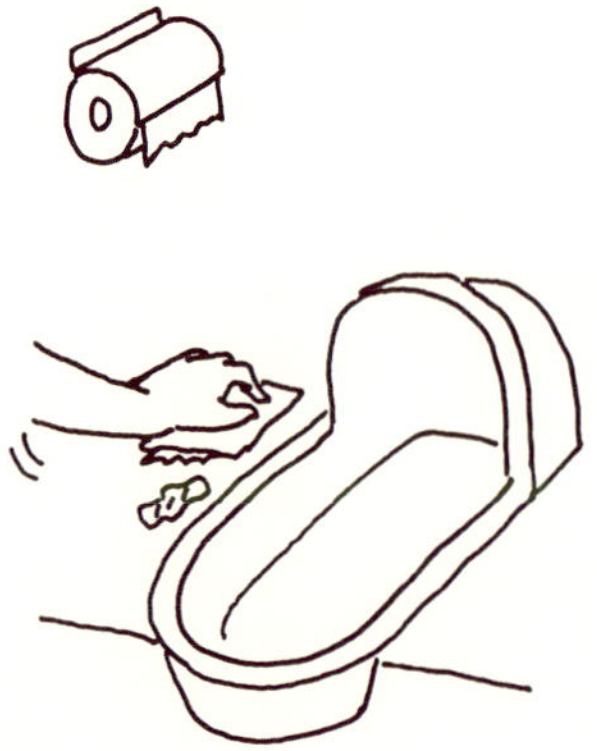

自分で新しい物をつけ替えたりしようとすればいいのですが、いつもと違う状況のなかでも、頭を働かせて対応できる力が、本当の生活力と言えると思います。応用がきく子に育てるには、大人の「やってあげすぎ」に注意しましょう。

外のトイレにも慣れる

公衆トイレで、マナーとして身につけてほしい物に、次のような物があります。

・ノックをする。
・ノックをされたら応答する。
・鍵の開け閉め。
・荷物をおく。
・スリッパを揃える。

外出先で一つずつ教えることもできますが、家庭のトイレでも取り組めることがあります。家のなかだけではなく、外に出た時にも通用する技能やマナーを身につけてください。

チェック表：忘れやすいポイント（身だしなみを中心に）

A　パンツを全部脱ぎ取らずにできる。
B　トイレに入ってから、パンツを下げる。
C　パンツをきちんと上げてから出てくる。
D　自分で水を流す。
E　忘れずに手を洗う。
F　手をふく。
G　ズボンのチャックを閉め忘れない。（男の子）
H　スカートが汚れないようにたくし上げてする。（女の子）
I　ズボンを下げてした時は、すそを入れ直す。
J　チャックのないズボンの時はお尻を見せないように前だけ下げてする。（男の子）
K　スカートのすそのめくれを直す。（女の子）
L　戸を閉めてする。
M　スリッパをそろえて出てくる。
N　手が汚れた時は、せっけんでよく洗う。
O　回りを汚した時は、後始末をする。

A	B	C	D	E	F	G	H	I	J	K	L	M	N	O
段階1			段階2			段階3			段階4		段階5			

段階1（A～Cに✓をつけた人）
基本のマナーを教える段階。
人前でお尻を見せないように習慣づけましょう。

段階2（D～Fに✓をつけた人）
清潔さを伝える段階。
トイレから出たら、手を洗うことを体にしみこませます。「きれい」の気持ちよさを日常的に伝えましょう。

段階3（G～Iに✓をつけた人）
身だしなみを形で身につける段階。
衣服を汚さないやり方や終わった後の整え方を形で教えていきます。

段階4（J～Kに✓をつけた人）
身だしなみを意識させる段階。
身なりを整える習慣をつける中で、自分で気をつけたり、確認するように仕向けます。

段階5（L～Oに✓をつけた人）
周囲のことへも配慮させる段階。
トイレをきれいに使うこと、状況に応じた対処の仕方など気の配り方を伝えましょう。

お父さんにインタビュー：トイレに行けるようになって

Q１：身の回りのことを「自分でさせてみよう」と思われたきっかけは？

最初は他の子どもと比べて自分でできることが非常に少ないと思い、身の回りのことはすべて親がやっていました。やってあげることで「可愛がっているんだ」という自己満足もありました。二歳半の夏に、ある療育センターの合宿に参加し、初めて親から離れて担当の先生と一日をすごす機会がありました。その時に「絶対にできないだろう」思っていたことを全く介助なしでもできている姿を見てびっくりしました。待つ時間さえあれば、子どもは大人を見ながらできるようになっているんだ、障害があってもできるようになっていくんだと思い、できるまで本人にやらせるという取り組みを始めました。

Q２：取り組み始めた頃の様子は？

昨日までやってもらっていたことを急に自分でやることになり、子どもは混乱して泣くということが続きました。断念しようと思ったこともありましたが、毎日一〇〇点満点できなくてもいい、今日できなくても明日やろう、一週間のうち一回できたというように少しずつ「できた」ことを増やしていきました。〇点か一〇〇点かではなく、昨日は三〇点、今日は一五点に戻るけれど一週間後には四〇点にしようと、時間をかけて、だんだん一〇〇点に近づける努力をするようになりました。こう考えると「もうだめだ」という落ち込みがなくなり気持ちがとても楽になりました。

自分のことを自分でする一番最初の取り組みは、自分の足で「歩く」ことでした。私が休みの土日は一時間〜一時間半歩くことにしましたが、始めは抱っこをせがんで泣いてばかりいました。近くの公園まで行くのに一時間半かかっていたほどです。がんばって歩いたら抱っこをしようという約束で、二〜三カ月かかりましたが、泣かないで自分の力で歩けるようになりました。恒例の散歩も時々できないことはありましたが、それでやめてしまうことはなく続けて来たことが良かったのだと思います。四歳になった今でも「歩く」取り組みは続けています。

Q3：子どもさんの変化とお父さん、お母さんの思いをお聞かせください。

今までは泣けば大人がやってくれるということを学んできた子どもが、大人はやってくれるばかりではないとわかり始めたようです。最初は、泣いても断固として自分でやらせることで、子どもとのコミュニケーションがとれなくなるのではないかと不安にもなりました。

しかし母親がサポート役になり取り組みを続けていくうちに、今まで呼びかけても反応が薄かった子が、大人の様子を見ていたり、感情を表してきたりする姿が見られるようになりました。大人の一貫した態度に対し、子どもも真剣にコミュニケーションをとろうとしてくるのです。

また、今までは受動的だった子どもが、自分でやろうとする姿が見られてきました。トイレに自分で行く姿が見られるようになっています。

Q4：トイレットトレーニングの取り組みについてはどうでしょう？

最初は失敗をくり返し断念、暖かい春になり取り組みを再開しました。とにかくトイレのなかでおしっこの機会を待つ毎日が続きました。一時間くらいトイレに座っていたこともあります。それでも出ないことがありました。偶然、トイレで成功することが一週間に一回になり二回になり、徐々に増え、夕イミングがつかめるようになりました。三カ月もするとトイレでの排泄が定着し、それから一年後の今では、自分でトイレに行くことができるようになってきました。

Q5・・身の回りのことを、自分でさせていく取り組みのなかで感じたことを。

あのまま何もしなくても、自然にできるようになっていたのではないかと、思うこともあります。しかし取り組んできた時間だけ、早くできるようになっていると思います。真剣な働きかけがあればあるほど、子どもも一生懸命応えてくれるのだなあと実感しています。

コラム

便秘の解消を

トイレでの排泄を妨げる大きな難関の一つに便秘があげられます。毎朝、スルッと出れば問題はありません。また一、二日間隔があいてもスムーズに出ていれば、便秘とは言いません。けれど毎日出ていてもコロコロと少量だったり、出た後に残っている感じだったり、三、四日間出ない場合は便秘と考えます。

便秘の影響

ある日、一週間近く便通がない状態で一人の男の子がやってきました。食欲はないし、ちょっとしたことで、イライラしてしまうし、明らかに便秘が生理的にも心理的にも悪影響を及ぼしていることがわかります。

他にも、便秘が原因となり、気分が不安定になり、睡眠不足になる子がよくいます。子どもが、不快感などを訴えられないことも大きな要因となっているのでしょう。発達にハンディキャップを持っている子の場合、便秘になると体調や機嫌にそのまま悪い影響を及ぼします。

いきめるように、足台を用意する

便秘への対処

まず生活リズムを整えることです。あわただしい日常のなかで、便通のありそうな時間帯、たとえば食後などに十分から十五分はトイレで過ごせるよう確保したいものです。その時、足が床につかないためにいきめず、便秘になることもあるので、環境の配慮もします。

次に食事です。水分を十分とること、繊維質の多い食べ物をたくさんとることが基本です。食物繊維が多く含まれる食品には、海草、バナナ、りんご、コンニャクなどがあります。

そして三つめは、適度な運動を日常的に行なうことです。可能なかぎり歩いたり、体操を行なうことです。へそを中心に「の」の字を書くようにマッサージをしたり、腹筋運動をしたり、体をそらせて腹筋をゆるめることなどは腸に直接刺激を与えることになります。

でも、年季の入った便秘の場合、すぐに効果が表われず挫折しがちです。このような時は漢方薬などの薬を併用するといいでしょう。薬を生活習慣の確立に向けての補助として利用するのです。これにより、体調が整ってくれれば、自然と薬を必要としなくなります。お子さんの便秘にお悩みの方は、ぜひ専門医への相談をお勧めします。

事例

初めてトイレでオシッコができたY君

Y君は六歳。体が細く、脚力をはじめ体の筋力がなかなかつきにくいタイプの子でした。オムツが手放せない状態でしたが、小学校入学を前にして、一度あきらめた排泄トレーニングを再開しました。

細い体が便座に落ちないための子ども用便座、足で踏ん張れるための足台も用意し、大人はやる気十分でした。ところが彼を十分くらい便座に座らせても一向にオシッコが出る気配はなし。部屋に戻るとパンツのなかでシャーッとやってしまうことのくり返し。パンツのなかではやれても、トイレではオシッコが出ないY君は、おしりを出す感じ、便座の座り心地に慣れる必要がありました。

Y君には、トイレを売り込む必要があり、大人もじっくりと構えることにしました。オシッコが出そうな時にしばらくパンツをはかずに過ごしたり、トイレでは便座に三十分以上座りました。大人もそのつもりで、彼の好きな歌を歌ったりして時間を過ごしました。そしてついにチョロチョロとオシッコが出たのです。Y君はまだキョトンとしていましたが、大人は大喜び。トイレでやれた記念の日となりました。

事例

排便後、自分でふくようになったD君

D君は、五歳の年長組でした。けれど排便の始末は大人まかせ。終わるとすぐに立ち上がろうとするので、押さえて大人がふく状態でした。

D君は太り気味で体も硬い子でした。お尻をふく体勢を作るのも大変ですが、排尿に比べて頻度の少ない排便ですから、それを見越して練習をしないと大きくなってもも排泄の自立ができなくなってしまう心配がありました。

体の硬いD君でしたから、まずしゃがみの形に慣れるために、運動で「立ちしゃがみ」の練習をしました。それから肛門の位置をつかむためには、お風呂に入った時に肛門を洗うようにさせたり、ズボンのお尻の位置にシールをはってそれをはがす練習をしました。トイレでは排便後、手を壁について少しお尻をあげさせて、大人が手を添えて肛門をふかせるようにしました。前から後方に向けて、動きを一定にして動きを伝えました。またこの頃、これまで知らず知らずのうちに大人がしていた、口が汚れたらふく、鼻が出たらふくことも本人にさせるようにしました。

そんなある日のこと、いつものように彼にペーパーを持たせたら自分で肛門の所に手を持っていきふくことができたのです。本人に体験させるなかで「ふく」という感じがわかってきたようです。

Q&A 自閉症児のパニックへの対応

Q 私の息子は四歳になりました。三歳の時、言葉が遅いので診ていただいたら「軽度の自閉的傾向」とわかりました。

小さい頃は普通だと思っていたのですが、人見知りはなく、指差しがないこと、言葉の遅れと目を合わせないことがありました。同い年くらいの子どもたちと遊ばせても、一人だけ小石を穴のなかに入れたり、放っておけばずーっと同じことばかりしていました。

二歳前後から、近所のスーパーに行く道がちがうと泣きわめいてひっくり返り、地面に頭をわざとぶつけたりし、とにかくいつもと少しでも場所や環境が違うとパニックを起こしていました。

三歳の時、保育所に入所しましたが、入園式から各行事に至るまで、とにかく私の息子だけ泣き叫んでひっくり返っていました。どうしてよいかわからず、叱ったりなだめたりしましたが、ますますひどくなり困ってしまいました。保育士さんと話し合い、何か手に持たせておくと少しは安定することがわかりました。しかし、あいかわらず病院や行事の時やスキー場などではいつまでも泣き叫び、出かけるのが嫌になるくらいです。でも、これを少しでも軽減させるにはいろいろな経験をさせるしかないと思い、なるべく出かけるようにしています。

昨年より療育指導を受け始め、この頃はこちらの言っていることも少しずつ理解できるようになり、ひっくり返ったり頭をぶつけることはなくなってきました。言葉も二語文が出てきました。ただ大声で

泣き叫ぶことだけはなかなかなくならず、個別に対応すればできることも集団のなかでは泣いて嫌がりやろうとしません。時間をかけて慣らしていけば、徐々に泣く時間は短くなってはきますが、泣きながら覚えていくしかないのでしょうか。他にもよい方法があれば、アドバイスいただきたいと思います。

A　この子達とは長い間つき合ってきましたが、似たようなことで悩んでいる人のいかに多いことかと思います。道・場所・順序にこだわる、変更を受け入れられないなどの問題を抱えている子ども達。休日も「仕事に行って」と両親を追い出そうとする子。昼間、仕事の途中で家に立ち寄った父親を泣いて押し出そうとする子。

いつもと違うことが起きて大騒ぎになることもあります。突然の避難訓練にパニックになり、園舎から連れ出されまいと床に寝転んで大泣きした子。

あるお母さんからは「朝からワアワア泣くのでどうしたのか考えてみたら、いつもこの子が消していた階段の電灯を、今朝、お姉ちゃんが消したことが嫌だったのだとわかりました。それで、一度電灯をつけてやり、本人に消させたら、ケロッとしているんです。さっきの騒ぎはいったいなんだったの？と思ってしまいます」という話を聞きました。そのほかにも、トイレの水の音、「ドアの閉まる音」「テレビ番組のテーマソング」が嫌で耳をふさいで逃げ出すなど、いろいろな子ども達がいます。

しかし、無人島や山奥で暮らすわけにはいきませんし、嫌なことがない生活などありえませんから、苦手なことにも適応できるようにしていかなければならないわけです。

あなたのお子さんのこだわりや、抵抗が現われ始めたのは、周りが見えるようになり物事の関係や成り立ちがわかりだしたからですね。お子さんの抵抗がわずかずつでも減って、泣く時間も短くなっているのは、お父さんやお母さんが泣いても嫌がっても外へ連れ出し、さまざまな経験をさせる、といった努力をされてきたおかげでしょう。

気持ちを落ち着かせるために物を持たせるのも一つの方法ですが、いろいろな場面や行動を経験しながら、やってみたらそれほど怖くもなく、嫌でもなかったとわからせるほうが、その後の生活を考えるとよいように思います。

大泣きは、一緒にいる家族にとってとても耐えがたく辛いことで、逃げ出したくなるのはもっともですが、逃げていては未知のことや初めてのことへの不安は増すだけ。泣きや抵抗は覚悟の上で、徹底して立ち向かうと、子どもも少しずつですが変わっていきます。叱ってみても混乱を大きくするだけ。とにかく経験させ、続ける。やってみて体験してわかり、学んで、抵抗が徐々に弱められていくのだと思います。

小児科医が子どもに注射をする時は「痛くないよ」とごまかさないで「痛いけどガマンしよう」と励ますとのこと。嘘は不信感を抱かせます。「嫌だけれどがんばってみよう」と励ましながら挑戦させることは、どの子どもにも必要ではないでしょうか。

地下鉄の大嫌いなBくん、おばあさんの病気見舞いに地下鉄に乗らなければなりません。「また泣くんだろう、いやだなあ、どうしよう」迷いながら駅につくと案の定、Bくんはビエーッと声を張りあげます。「あー泣いちゃった、どうしよう？　オロオロ」子どもは大人の心のうちを察知して、静まるどころかもっと騒ぎが大きくなり、泣きも長引いてしまいます。

「やってみたけれど、やっぱり駄目だった、この子には無理かもしれない」と迷いあきらめる。子どもは泣いて騒げば何とかなる、この手が一番、とばかりに思い通りになるまで一層がんばることになります。ここで私達は泣きに逃げこませないで、やるべきことを最後までやり遂げさせてしまいましょう。「やれた」「がんばれた」「こわくなかった」「大丈夫だった」という経験から自信が生まれます。

子どもの力を信じきること、どうせ駄目だと思われていては子どもも自信が持てませんからね。

こだわりやパニックに限らず、日常の生活のなかでも「泣かない・がまん」の力をつけることはできます。なかなかはめられないボタンに「キレタ！」Sちゃん、シャツを放り投げたけれど、「もう一回やろうね」と根気先生に連れ戻されてギャアギャア泣きながら再度挑戦。（半分手伝ってもらって）最後の一つがはめられたころにはにっこり、いい顔になっていました。順番を守る、家族がそろうまで食事を待つ、泣きたいけれど、ひっくり返りたいけれど、ガマンをしたり周りに自分を合わせたりするチャンスはいろいろあるでしょう。

あらかじめその日の予定や変更することを本人に伝えておいてあげると、気持ちを切り替えたり、覚悟を決めて、思い込みと違うことも受け入れやすくなります。

これからもさまざまなことに出会い、たくさんの経験を通して未知の世界を受け入れられる力を育てていってください。　（神田　武子）

第4章

指導の実際　着脱

人が衣服を着るのは、
「体を守るため」「恥ずかしい」「かっこいい」などの
文化的理由からです。
生理的欲求と結びついている食事や排泄と違って、
着脱は一から教えていくことになります。
単に衣服を着られるという技能から、
一歩踏み出してきちんと衣服を着こなす
自分らしい服装を選ぶ楽しみを味わい、豊かな生活を……

子どもと向かいあう時に

朝起きた後、またお風呂に入る時、汗をかいたらと、一日に着脱の場面は何かと多いものです。にもかかわらず、子ども達にとっては、食事などと違って魅力に欠けるのが難点とも言えます。「体を守るため」「裸は恥ずかしいから」「かっこいいから」などと言うのは、事情のわかった大人の言い分なのです。

着脱は、食事や排泄など生理的な欲求をともなうものと違って、一から教えていくことになります。ここでは着脱の指導のポイントと、子ども達のつまずきやすいところについて紹介します。

場所を決める

着がえをさせようとすると、走り出そうとしたり、違う方を見ていたりするので、大人がつかまえて着がえさせてしまうことは、小さい子ならばよくあることです。これでは、自分で着がえる気持ちにはなかなかなれません。まず、これから着がえをするということに気づかせ、集中させるために、「タンスの前で」とか「この部屋で」というように、着がえる場所を決めるといいでしょう。座布団の上で着がえさせるのも立ち歩き防止にはいいようです。

大きくなった時に、人前で平気で着がえさせないためにも、着がえにふさわしい場所を伝えておきます。

立って着がえる

取り組み始めは、座ってじっくり着脱動作の練習をすることも必要でしょう。でも慣れてきたら早めに立って着がえるように変えていきましょう。

ズボンや靴下の脱ぎはきを、立って行なうと体が不安定になるので、これがバランスの練習にもなります。座って行なうよりも、手早くやらなければならず、集中して行なうことになります。

成長して、出先で更衣室を使う時や、混雑して狭いスペースで着がえる時は、立って行なう技能が求められます。

練習に適した服を着る

最近の凝った子ども服は、かわいくてついつい見とれてしまいますが、練習のし始めには不適当なものが多いようです。ファスナーが後ろについているワンピースやオーバーオール、小さいボタンのたくさんついた服など、こういうものだと着せてあげるしかありません。取り組み始めは、丸首シャツにゴムズボンなど、練習させやすい服を用意したいものです。でも逆に、一人では着られないからと、いつまでも楽に着られる服に甘んじないようにしたいもの。ボタンに取り組み始めたら、ボタンのついた服を日頃から用意します。

小学校の高学年になると、ゴムズボンは減ってきます。カギホックやベルト、ハンガーなどにもなじませます。一日のなかで何回も行なうものだからこそ、ふさわしい衣服で練習する場面を作りましょう。

手順を一定にする、早くから望ましいやり方で行なう

私達が毎日何気なく行なっている着がえも、工程を細かく分けるととても長いものです。着がえの途中でボーッとしたり、上だけ着て下を替えるのを忘れてしまう子は、実は工程を全部覚えていないのかもしれません。

着がえの手順は、ゆくゆくは自然に手や体が動くようにさせるためにも、一定の方が身につきやすいわけです。また手順を決めておくと、できなかった時にどこでつまずいたのかがわかりやすく、本人にとっても教える大人にとっても、次の手立てが考えやすくなります。早くから望ましい手順ややり方で練習しましょう。

小さいうちは全部服を脱いで、裸になってから次の服を着る子どもが多いようですが、小さい頃はよくても、人前で肌を見せたり、下着姿で長く過ごすのは、見た目にもよくない時期がやってきます。大きくなってからの変更は苦労する子もいるでしょう。

それを踏まえて、上を脱いだらすぐに上を着る、下を脱いだらすぐに下をはく、というように教えます。上から着がえるのは、すそをすぐに入れられて合理的だからです。

また衣類を脱ぐ時には、始めから裏返しにならないやり方で練習します。裏返しを直すことを大人にやってもらっていては、一人で行なう流れが止まってしまいます。効率的に着がえるためには、必要な技能でもあります。

つまずきやすいところ

「前後をよく間違える」「いつもシャツのすそが出ている」「着がえの手順が入りにくい」「ボーッとしがち」と、大人の小言がよく聞かれます。毎日やっている着がえなのに、なかなか克服できにくい弱さをかかえているようです。

日々の動作のくり返しでも、子どもがどこでつまずくかをつかむと、働きかけ方にも工夫ができると思います。次によく見かけるつまずきについて紹介します。

体の感覚の弱い子

シャツを後ろ前に着たら窮屈だと思います。ちぐはぐに服を着た時の、きつい、ちくちくする、はみ出している、という違和感に気づきにくい子どもがいます。彼らは感覚的に弱さを持っている場合が多いようです。こうした子には、はみ出ている部分をつついたり、鏡を見て比べさせたりします。でも形を見てとることが苦手な場合も多いので、手の動きで集中的にくり返し教えます。

薄手のシャツの方が厚手の服よりも感覚がつかみやすいので、服を選んで練習するといいでしょう。

子どもが自分の体の位置感覚をつかむのには、順序があります。「首の後ろ」「背中」など、境目のはっきりしない所は、言葉を聞いていても、自分でその部分を的確に触ることが難しいこともあります。

着がえの場面だけではなく、入浴や運動の場面などで、体の位置感覚を高めるような練習も並行しましょう。

手順が定着しない子

覚える力の弱い子の場合は、着がえの途中で次に何をするのか、わからなくなることがあります。注意も途切れ、止まってしまい、遊びだす子もいます。

始めは一つひとつ次の行動を教えていきますが、写真や絵で何をするのか順番がわかれば、それを一覧にしたり、一枚ずつのカードにして手順表を作ります。

手順の写真や絵を確認しながら、それを手がかりに使って、着がえる練習をしてみましょう。慣れてきたら、大人の指示を減らし、子どもに手がかりを見るように促していきます。指示をされて行なうよりも、流れがつながりやすく、頭を使う経験を積むことができます。

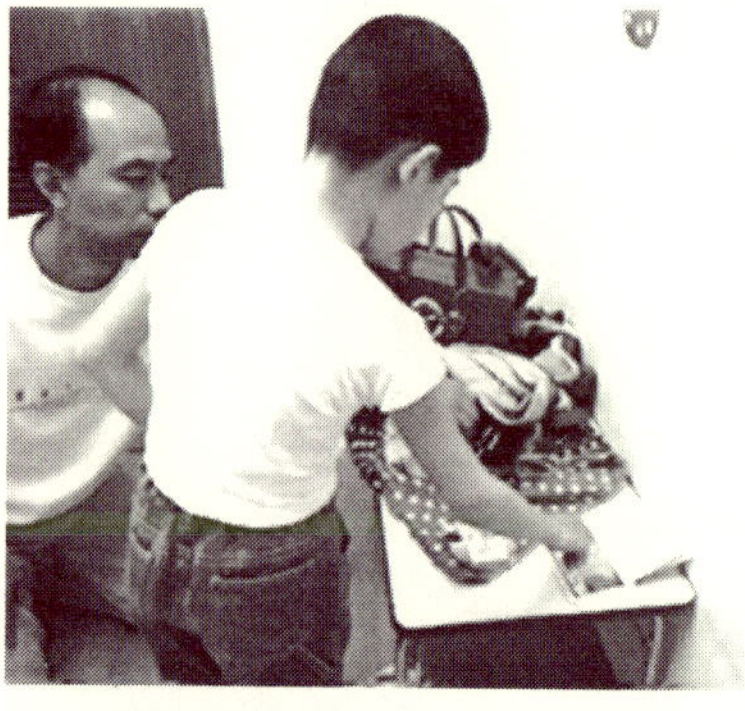

手順表を見て着がえる

時間感覚の弱い子

のんびりペースの子どもがいます。手順や技能を身につける時は、大人の都合であおっても、効果が見られなかったり、子どものやる気を損ねてしまう可能性があります。

でも、社会生活をしていくうえでは、時間内に着がえたり行動しなければならない場面が多くあります。

こうした子には、まず他の場面で「一、二、三」とカウントをして、「十」になる前に終えたら、「マル」というルールを教えてみましょう。このルールがわかれば、「ピピピピピ」と鳴るタイマーの意味もわかるようになります。着脱の時は五分程度に設定して、練習します。うまくいかなかったらやり直し、というルールです。これにより意識が一つのことに向かい急ぐことができるようになります。

一方、自分でペースを変えられない子に、大人が軽快な音楽を口ずさんだり、メトロノームをかけると、テンポが速くなる場合があります。これらのことは、ただあおったり、小言を言うよりは有効な手立てだと思います。

ところで子ども達は、どこか楽しみにしていた所へ出かける前などは、驚くほど支度が早かったりします。ということは、「サッサと着がえると何かいいことがある」、それならばスピードアップできるかもしれません。認められる場面が多くなり、生活面が充実してくると、子どもの関心が広がって、着脱を早めに済まそうとします。こういう見通しも考えに入れて、子どもと向き合いたいものです。

自分でやってみよう

着脱は、子どもの「やってみたい」という意欲を、持たせにくいものです。それだけに「そのうちにやれるようになる」という思いではなく、何をできるようにさせたいのかという、目標設定と子どもをその気にさせる働きかけが、教えていくうえでの鍵となるでしょう。

脱ぐ動作

取り組み始めは、子どもがもう少し力を出せば達成、というところから始めましょう。子どもに「やれた」という実感をつかんでほしいからです。これは着る動作の時も同じことがいえます。どういう状態を目指したらいいのかを考える時、チェック表を目安にしてみてください。

ここでは、指導のポイントとなる技能について紹介します。

①トレーナー・シャツ

上衣をどうやって脱いでいるのか、大人は自然にやっている動作なので、実際にやってみないと思いつかないほどです。脱ぎ方としておおよそ三種類あります。ポイントとしては裏返しにしない脱ぎ方を教えることです。

・すそ脱ぎ

手を交差させてすそを持ち、そのまま上に開くようにして脱ぐやり方です。一気に脱げますが、ほぼ必ず裏返しになるので、始めはふさわしいやり方ではありません。

・そで脱ぎ

まずそでを持ち、引っ張りながら肘を抜いていくやり方です。その後はもう一方のそでも抜いて頭を出すか、頭を出してからもう一方のそでを抜きます。このやり方は、もう一方のそで抜きの時にきちんとそで口を持たせることがポイントになります。体が硬かったり、半そでの時などにはやりにくい所があります。

・えり脱ぎ

えりを頭上まで引き上げて脱ぐやり方です。これも両手のそで口を持って裏返しにさせないことがポイントです。えりの後ろまで手が届かない幼児や肩の硬い人は少し苦労します。

このように一長一短がありますが、そで抜きか、えり抜きを、子どもの様子に合わせて教えていくのがいいでしょう。

すそ脱ぎ

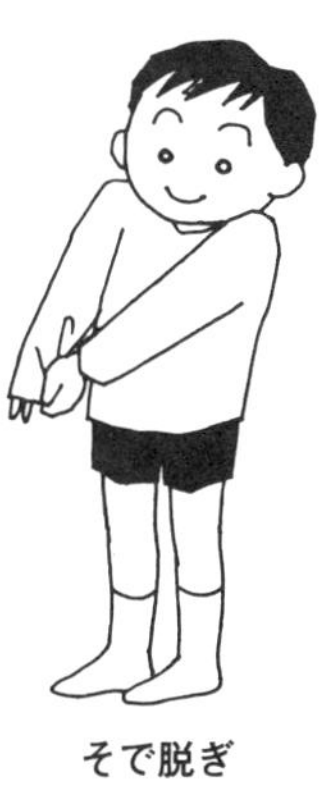

そで脱ぎ

えり脱ぎ

②パンツ・ズボン

小さいうちは、ズボンを下げて足でこするように脱ぎ取ることが多いようです。これだと裏返しになりますし、床が濡れている時に困ります。こういう脱ぎ方で「もうできている」と安心していると、落とし穴があるわけです。壁などに寄りかからずに着がえられるようになっていたら、バランスの力がついています。特に長ズボンを脱ぐ時は、ウエスト部分を持ち尻が出るくらい下ろしたら、ズボンのすそを持ち、引っ張って脱ぎ取る（裏返さない）動作を教えたいものです。

③靴（短靴）

小さいうちは手でかかとを外して脱ぐ子が多いようです。でも靴には手を触れずに脱げるようになってほしいものです。かかとをこすり合わせるか、つま先でかかと部分を踏んで脱ぐ動きを教えます。

また玄関のたたきで靴（外履き）を脱いで、靴下を汚してしまう子も多いようです。靴下を汚さないように足の位置を決めてあげましょう。

④靴下

はき口から一気に脱ぎ取ると裏返しになってしまいます。裏返しにしないために、はき口を持ち、かかとまで外したら持ち替えて、つま先を引っ張るように促します。

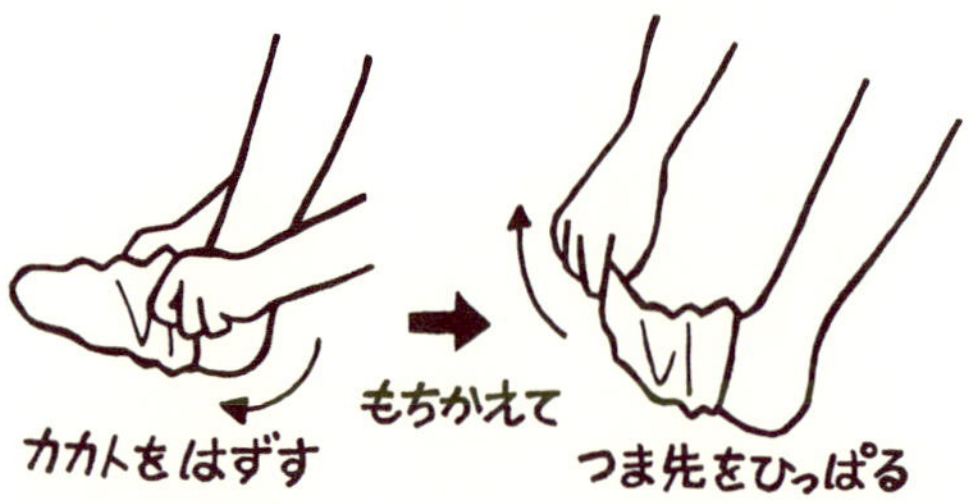
カカトをはずす
もちかえて
つま先をひっぱる

靴下の脱ぎ方

⑤ 裏返しを直す

裏返しにしない脱ぎ方を教えても、いつもできるとは限りません。問題は、裏返しかどうかの判断が子どもにとって難しいことです。縫目や糸で大人は見分けますが、それが難しい子がいます。表と裏が違うというはっきりとした目安を見せて、それから裏返す行動へ結びつけます。

裏返しを直す時は手を先まで入れて、そで口やすそを握りこむのですが、そのグーの状態が途中で開いてしまうことがよくあります。グーを握り続けるように上から指を軽く押さえてコツを伝えていきましょう。

着る動作

衣服を着る時は、衣服の前後上下などを、見分ける必要があります。

前後上下の判断が難しい子どもには、マークをつけて判断の手がかりにするといいでしょう。目立つマークを、シャツやトレーナーの場合は背中側の中央に、パンツやズボン、靴下には、正面の中央につけます。マークを中央にして、その脇を持って着るようにします。

始めのうちは、このマークを目の前にさせて「マークは？」「自動車は？」などと言い、マークの指差しを促します。子どもが指差しをした時は、そのままマークの横を持って着る動作につなげます。

次にマークを目の前ではなく、服の端に寄せて、自分でマークを探して指差しをさせます。それに慣れたらマークを隠して探す練習をします。そうして見るべきポイントを伝えていきます。

マークを十分使えるようになったら、マークのない服で、上衣のタグやズボンのポケットの位置などを見て、持ち手を決めるように試します。これで混乱しそうならば、マークを名前の文字にして、成長しても使えるようにしていきます。形を見る力がついて、服の形で判断がつくようになれば、マークは自然に外していきます。

中央にマークをつけた洋服

持つ手の位置にマークをつけた洋服

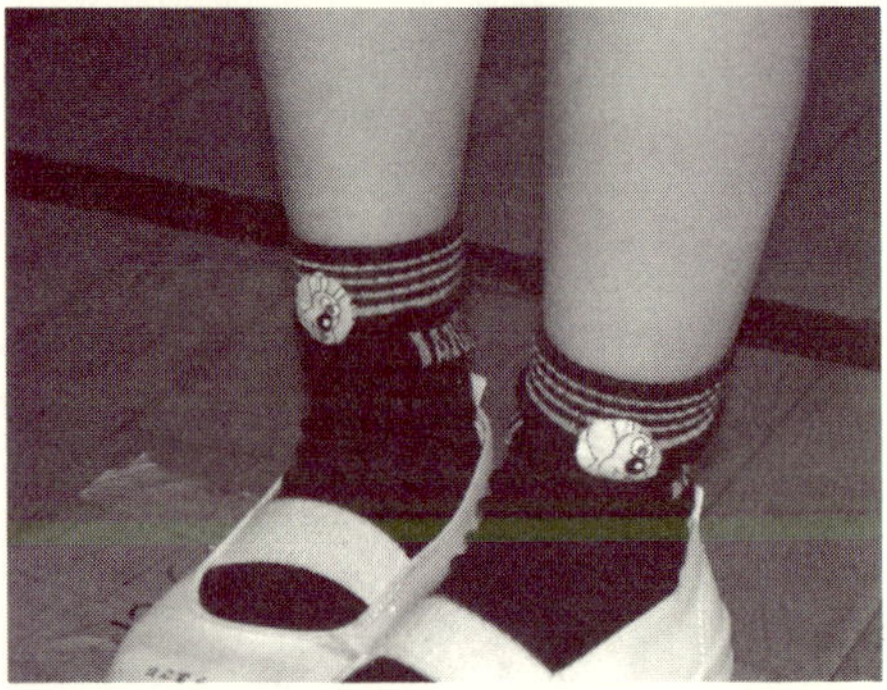
中央にマークをつけた靴下

①トレーナー・シャツ

えり首を先に入れるやり方とそでを先に通すやり方があります。えり首をサッと入れる方がやさしいのですが、途中で服がクルリと回ってしまうことがあります。そでを通すやり方は向きが変わってしまうことはありませんが、技能的には難しいようです。

子どもの様子を見て、スムーズにやれる方で定着させるといいでしょう。始めは、えり首の所に頭と手の両方を出したりして、もがいたりということもあります。あまり手出しをしないで、少々時間はかかりますが、やれるまで見守ることも、子どもが身につける過程では必要です。

②パンツ・ズボン

立ってはくことが、ポイントになります。肢体不自由など麻痺がない場合は、三歳を過ぎたら立ってはくことに挑戦します。「片足立ちができていないのに難しいのでは」という方もいますが、逆に毎回立ってはくなかで、バランスの力を育てていけることになります。

立ってはく時の介助は、始めはズボンを持つ手を上から押さえてバランスをとりながら介助します。一人でさせる時は、壁に体の側面や尻をあてるようにして、寄りかかって支えながらはくようにさせます。

③靴（短靴）

自分で靴をはかせようと思っても、なかなか足元に注意がいかない子がいます。そういう子には、つま先のあたりをポンポンとたたいて注意をひきます。靴を押さえておき、足をねじ入れる動きを教えていきます。かかとを入れる時は中腰になりますが、それが難しければ低い台に腰かけて入れることにします。

子どもが三歳を過ぎていたら靴を手に持ってはくのではなく、かかとにリングをつけておき（次頁写真）、それを引っ張らせます。太めのひもで作ると指も痛くありません。人差し指で引っ張るコツがつかめたら、次に人差し指を靴のかかとに入れてはくことを教えていきます。

この時期にふさわしい課題に型はめがあります。丸や四角や三角など簡単な形で、枠を見て入れる教材です。こうしたわかりやすい題材で輪郭の見方をつかむ学習です。型はめの練習をするうちに、自分の靴を探せるようになったり、靴の前後を間違えずにはけるようになります。

ところで子どもの靴は左右の違いが小さいので、よく左右逆にはいている子どもがいます。それに慣れてしまうと足の成長によくありません。よく使うのは靴の内側で合わせるマークです。それでわかる子はいいのですが、マークが内側で接近しているか、逆に外側に離れているかの違いがわからない子も多いようです。少しがっちりした靴で左右の違和感がはっきりわかるものがあればそれが一番よいでしょう。

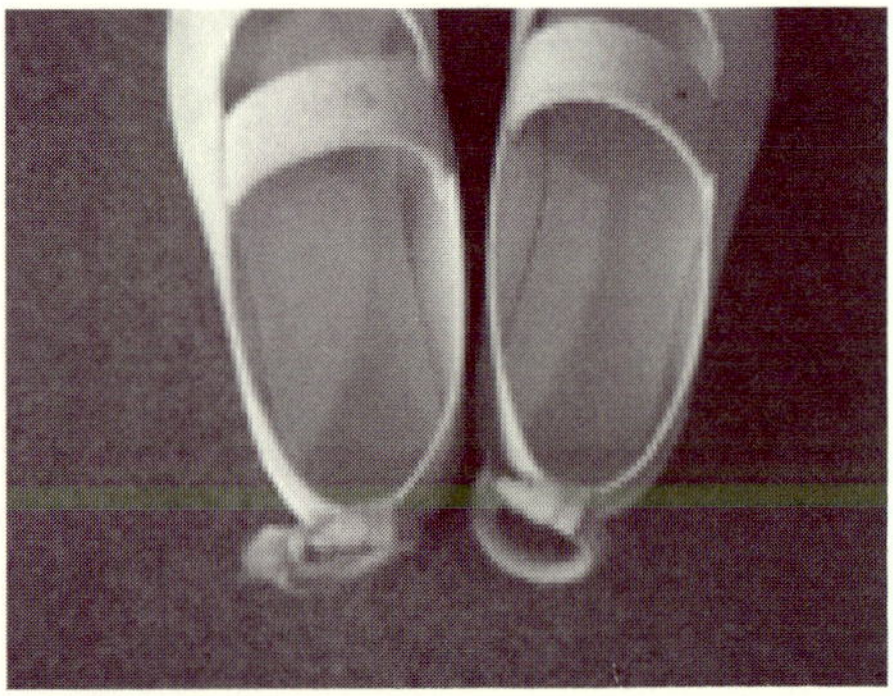

かかとにリングをつけた靴

④ 靴下

靴下のかかとを引きあげられるようになった子どもでも、靴下のはき口に小指側を入れられない場合があります。はき口を自分で広げながらつま先を通すのが難しいのです。こうした子には、大きめで固めの生地の靴下、たとえばルーズソックスなどで試してみると、コツをつかめることがあります。

靴下はきは、ズボンや靴に比べてバランスをとることが難しいのです。そのため座ってはく時期も続きますが、その状態で留めずに、ズボンを一人で立ってはけるようになった頃には、靴下も立ってはくことに取り組み始めたいものです。

靴下はきのポイント二つ。

一つめはゴム口への足の入れ方です。腿を外側へ開いてはくと、かかとを定めていてもずれてしまいます。その形で定着させずに、内腿を鍛えるためにも、腿を閉じて腕と腕の間に膝を入れる方向で練習をしましょう。

二つめは、かかと合わせです。まずは手元マークを使い、持ち手を定め、靴下のかかとが逆にならないようにします。側面に模様のある靴下は、手元マークと紛らわしく横向きにはいてしまうことがあるので、注意します。つま先の縫目に一本線を引いて、目印をつけると、つま先合わせの目安としてわかりやすい子もいます。

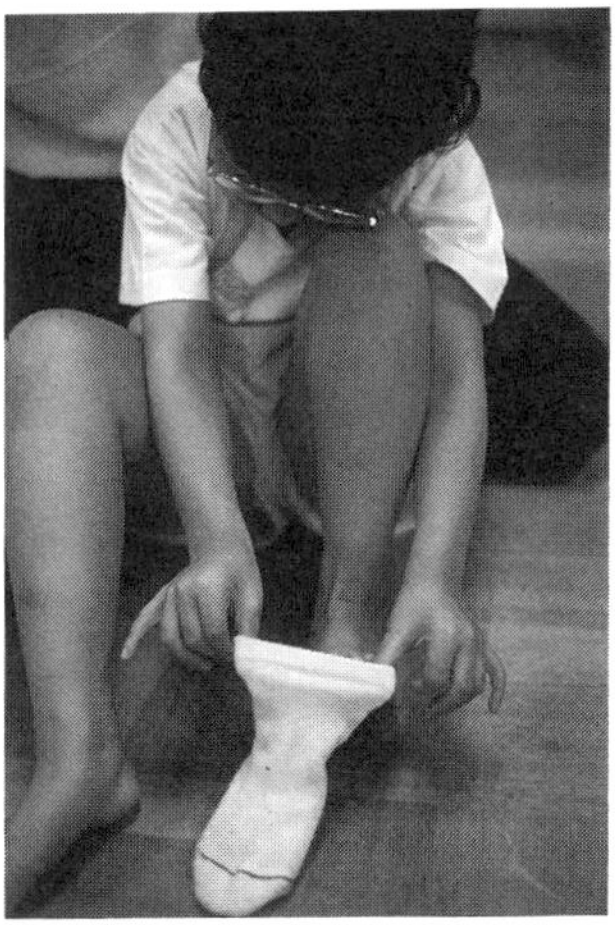

つま先の縫い目に一本線のマークをつけた靴下

チェック表：自分でやってみよう（基本の衣服の着脱 着る）

◎トレーナー、シャツを着る

A 一部自分でする。（首を出す・そでから手を出す・すそに手を入れるなど）

B 一人で着る。（前後裏表は大人が判断・手元にマーク付・引き下げ不完全）

C 一人で着る。（身だしなみが不十分・前後を時々誤る・何でもすそ入れする）

D 一人できちんと着る。

A	B	C	D

◎パンツ、ズボンをはく

A 大人が広げると足を入れようとする。または持たせると少しズボンをあげる。

B 一人ではく。（座ってはく・引き上げ不完全・前後裏表は大人が判断・マーク付）

C 立ってはく。（寄りかかる・習慣化してない）

D どこでも常に立ってはく

A	B	C	D

◎靴をはく

A 一部自分でする。（足を入れようとする・入れるとかかとを引っ張る）

B 一人ではく。（リング付・大きめな靴・座って・靴を固定する）

C お尻をつかずにはく。（左右を間違える・寄りかかる）

D 左右間違えずに立ってはく

A	B	C	D

◎靴下をはく

A 一部自分でする（つま先を入れようとする。入れるとゴム口を引っ張る）。

B 一人ではく（かかとの位置を間違える。座ってはく）。

C お尻をつかずにはく（寄りかかる）。

D かかとの位置を間違えずに立ってはく。

A	B	C	D

段階1	段階2	段階3	段階4	段階5
段階1（Aに✓をつけた人） 大人が全面的に介助している段階。子どもにさせられる部分を見つけましょう。	**段階2（B以降に✓をつけた人）** 一部自分でする、またはしようとする段階。条件を整えて練習しましょう。	**段階3（C以降に✓をつけた人）** 条件が整えば自分でできる段階。立位で行なうほか、良いパターンをきちんと。	**段階4（Dに✓をつけた人）** おおむねできる段階。大人は確認する側に。	**段階5（✓のない人）** 任せられる段階。

チェック表：自分でやってみよう（基本の衣服の着脱 脱ぐ）

◎トレーナー、シャツを脱ぐ

A 一部自分でする。（えりを引っ張る・そでを引っ張る・すそを上げるなど）

B 一人で脱ぐ。（はぎ取る・裏返しになる）

C 裏返しにならない脱ぎ方をする。（裏返しになると直せない）

D 裏返しにならないように気をつけ、裏返しになった場合は直せる。

◎パンツ、ズボンを脱ぐ

A 持たせると少し下げる。または足もとまで下げてやると脱げる。

B 一人で脱ぐ。（お尻をつく・裏返しになる）

C パンツ、半ズボンなら立って脱ぐ。（裏返しにしない・裏返しも直せる）

D 長ズボンも立って裏返しにならないように脱ぐ。（裏返しも直せる）

◎靴を脱ぐ

A 靴のかかとを持たせると引っ張る。

B 一人で脱ぐ。（座って脱ぐ）

C 立って脱ぐ。（寄りかかる・手を使う）

D 立って手を使わずに脱ぐ。（かかとをすり合わせて脱ぐ）

トレーナー、シャツ A	B	C	D	パンツ、ズボン A	B	C	D	靴 A	B	C	D

◎靴下を脱ぐ

A 持たせるとつま先を引っ張る。もしくは自分でゴム口に指を入れる。

B 一人で脱ぐ。（裏返しになる・裏返しを直せない・座って脱ぐ）

C お尻をつかずに脱ぐ（裏返しを直せる・寄りかかって脱ぐ・しゃがんで脱ぐ）

D 立って手際よく脱ぐ。

A	B	C	D

段階1

段階1（Aに✓をつけた人）

大人が全面的に介助している段階。子どもにさせられる部分を見つけましょう。

段階2

段階2（B以降に✓をつけた人）

一部自分でする、またはしようとする段階。条件を整えて練習しましょう。

段階3

段階3（C以降に✓をつけた人）

条件が整えば自分でできる段階。立位で行なうほか、良いパターンをきちんと。

段階4

段階4（Dに✓をつけた人）

おおむねできる段階。大人は確認する側に。

段階5

段階5（✓のない人）

任せられる段階。

チェック表：自分でやってみよう（上下・前後・裏表の判断）

A　衣服を広げ持たせれば、着ようとする。
B　シャツとズボンの区別がつく。
C　頭や手足を入れる場所がわかる。
D　自分で洋服を手に取る。
E　特定のマークを見せれば、前後がわかる。
F　自分で洋服を広げて、マークを探す。
G　糸目などで裏表がわかる。
H　絵やボタンの位置などで向きがわかる。
I　えりの商標などでわかる。
J　形やポケットの位置などでもわかる。
K　大人に言われなくても、自分で前後や裏表を判断して着る。

A	B	C	D	E	F	G	H	I	J	K
段階　1		段階　2		段階　3		段階　4				段階　5

段階1（A～Bに✓をつけた人）
洋服の形の違いに気づかせる段階。
広げて見せ、どこを持つのか、どこに手足を入れるのか手を添えて伝えましょう。

段階2（C～Dに✓をつけた人）
自分で洋服を手にするように促す段階。
自分で洋服を持ち頭や手足を入れるよう促します。子どもができるところを作っていきます。

段階3（E～Fに✓をつけた人）
マークなどを手がかりに前後を教える段階。
マークに気づかせ、洋服に前後があることを教えていきます。色々な向きでも自分でマークを探させるようにしていきます。

段階4（G～Jに✓をつけた人）
洋服から前後や裏表の見分け方を教える段階。
マークをよく見るようになったら、次は外して通常の目印となる所で前後や裏表を教えていきます。

段階5（Kに✓をつけた人）
自分で気づけるよう見守る段階。
判断はできても言わないと間違えることも。自分で気づけるように指示を控えましょう。

指先をしっかり使おう

「ボタンができる」ことは、お母さんが子どもの力を見直し、「教えればこの子もできる」と、あらためて自信を持てる、一つのシンボルのような技能です。またボタンやカギホックができるようになると、着られる洋服の種類がグンと増えます。指先の細かい動きが必要ですが、それだけに子どもにとって「できた」ことを実感しやすいようです。

ここでは取り組み始めたばかりの子、手指がうまく使えない子に試してほしい、練習材料や方法について紹介します。ふさわしい題材を見つけて、大人に応援されれば子どものやる気も引き出されるでしょう。

指先の練習

ボタンはめを目指す頃には、こういった題材で指先を使う練習をしましょう。

①　ひも通し

ボタンとは形が大分違いますが、ボタンはめの動きと、ひも通しの動きは原理が同じです。ひも通しが前もってできるようになっていると、ボタンはめが教えやすくなります。

② 貯金箱にお金を入れる

長方形の穴にお金や円盤を入れる練習をします。ワンカップのお酒のふたなどは、カッターで簡単に切り込みを入れて穴を開けられるので、いい練習材料になります。大きさは子どもに応じて調節します。穴の向きをいろいろ変えて練習するといいでしょう。

③ ボタンひも通し

ボタンをひも先につけた、少し変わったひも通しです。これも手軽に作ることができます。ボタンを穴に通すことと、通した後、手を持ち変える動きの練習ができます（写真1）。

ボタンをはめる

日頃よく着るパジャマやスモッグなどで練習するといいでしょう。さらに扱いやすくするために、次のような練習服の作り方を紹介します。

ボタンホールやボタンの留め位置に、フェルト布を縫いつけると目立つし持ちやすくなります（写真2）。ボタンは、糸足を長くとり、動かしやすくします。またボタンホールはボタンが抜け落ちない程度に糸で固めておきます。ボタンを見やすい位置にした

写真1：ボタンひも通し

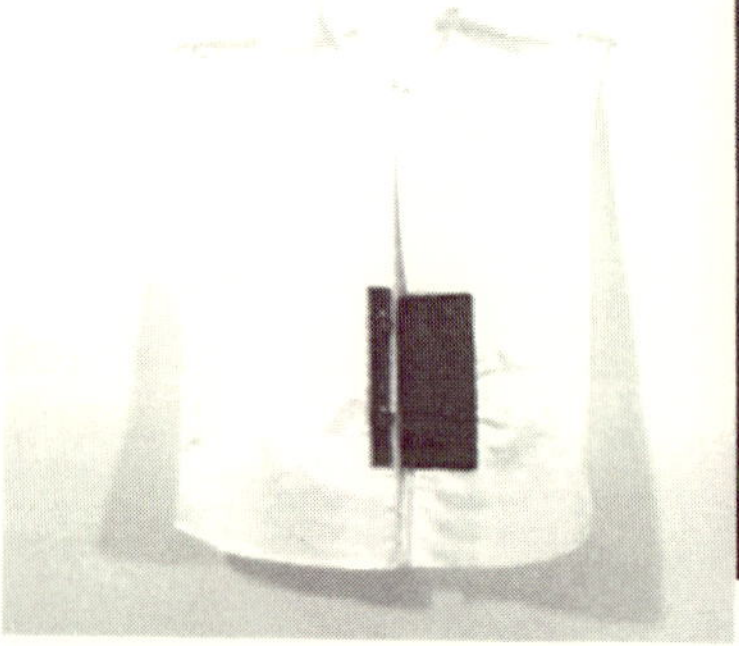

写真2：ボタンホールにフェルトを縫いつけて持ちやすくした洋服

り、布の持ちやすさなどを確かめて、調節するといいでしょう。

ボタンを机上ではめる練習をすることもありますが、このやり方は、着用してボタンをはめる時と手首の向きが違います。切り替えが難しい子には、早めに衣服で練習することにします。

練習のポイントは、手元が見やすいように立って行なうことです。また「はめる」動作と「はずす」動作を混同しないように、どちらか一方に集中して取り組みます。

カギホックをする

学童期になると、幼児期のゴムズボンは少なくなって、ホックでとめる物が多くなります。女の子のスカートの場合も同様です。手元を見ない子は、カチカチと合わせるだけでなかなか入りません。そういう場合は、仕組みを教えるのがわかりやすく、写真3のような教材を作って、机上で練習します。カギホックの代わりにマジックテープをつけると、左右の持ち手を合わせてつけるきっかけとなります。また手の動かし方を教えるためには、大きめのカギホックを布に縫いつけたベルトを作って、服の上から腰に巻きつけて練習する方法もあります。

実際のズボンやスカートでは、ファスナーをまずあげておき、左手の持ち手を大人が押さえて、右手だけを本人に引っ張らせると、うまくいきやすいようです。

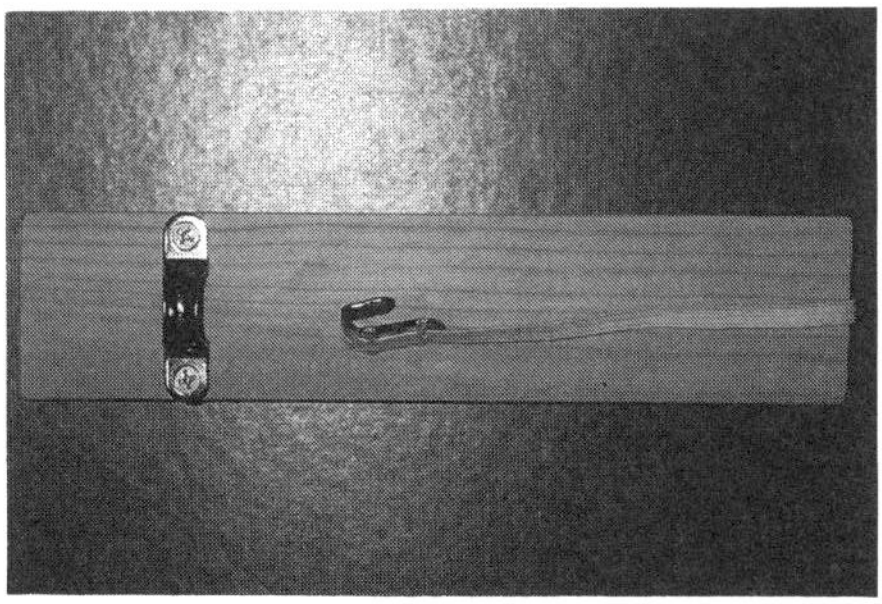

写真3：カギホック教材

ひもを結ぶ

年齢があがると、ひも結びが必要な衣服や道具が出てきます。ひも結びをする機会も意識して作りましょう。次の日に着る衣服を風呂敷に包んだり、お手伝いの時にエプロンをつけたりします。

始めて使う風呂敷は、写真のようにひも先をまとめて持ちやすくします。介助は、子どもの背後から大人が手を添える背向法がよさそうです。教えるには、ゴール直前の手順からまず子どもにさせ、手順を徐々にふやしていくようにします。

手順1、絡ませたひもを引っ張るだけ
手順2、ねじったひもを輪のなかに入れ込むところから
手順3、交差させたひもを自分でねじって入れる
手順4、交差させるひもを自分で持つところから
手順5、自分で始めから

この動作を二回くり返すと、こま結びになりますが、いわゆるたて結びになってしまいます。これを避けるには、結び目の重なりを交互にしなければなりません。手の操作に迷いがなくなってから変更することにしましょう。

エプロンやはちまき、靴ひもなどを結ぶには、蝶結びも身につけさせたいものです。基本のこま結びができるようになったら、取り組んでみましょう。蝶結びには、両方のひもであらかじめ二つの輪を作って、こま結びと同じように結ぶやり方もあります。

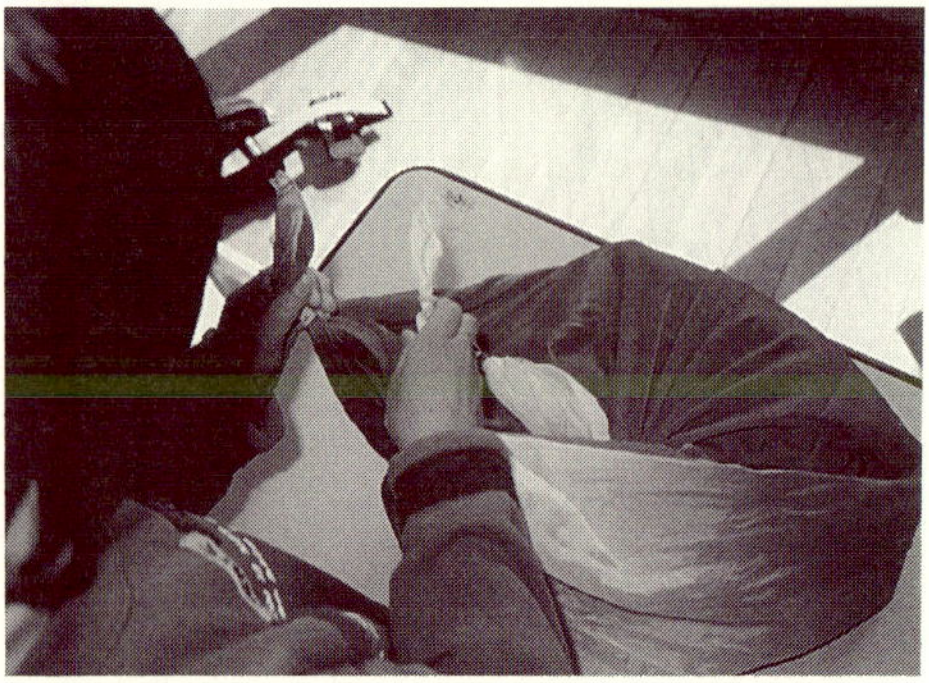

チェック表：指先をしっかり使おう

◎ボタンをはめる。

A ボタンをボタンホールの途中まで入れておくと、引っ張り出す。

B 条件を整えれば、ボタンをはめられる。
（机上におく・ボタンの糸足を長くする・直径2センチ程の大きめのボタンを使う）

C 手元でとめやすい位置ならば、一人でボタンのはめ外しをする。

D えりもとのボタンのはめ外しをする。

◎カギホックをする。

A カギホックを合わせようとしたり、引っ張ったりする。

B 片方を固定するとはめ外しをする。

C 慣れたものなら一人ではめ外しをする。

D スムーズにカギホックのはめ外しをする。
（スカートの横ホックなど）

◎ひもを結ぶ。

A 左右のひも先を合わせようとする。

B 一回結ぶ。（一回で止めてしまう・何回も結ぶ）

C こま結びをする。

D 蝶結びができる。

D	C	B	A	D	C	B	A	D	C	B	A

段階 5	段階 4	段階 3	段階 2	段階 1

段階1（Aに✓をつけた人）
技能的にまだできない段階。
まずは技能的にやりやすい物を探しましょう。
指先を使う遊びや学習をともに。

段階2（B以降に✓をつけた人）
一部自分でする、またはしようとする段階。
大人が手を添え、動きを教えていきます。徐々に介助の手を減らしてできる部分を増やしていきます。

段階3（C以降に✓をつけた人）
条件が整えば自分でできる段階。
慣れた物でじっくり練習しましょう。励ましたり、見守ったりして、大人が待つことも大切です。

段階4（Dに✓をつけた人）
おおむねできる段階。
小さい物や目で確かめにくい物などにも挑戦できます。

段階5（✓のない人）
任せられる段階。
いろいろな衣服の着脱に挑戦させます。ひも結びはエプロンなどにも挑戦させ、「たて結び」にしないなど、より良いやり方を教えていきましょう。

身だしなみを整えよう

清潔できちんとした身なりをしていると、人に好印象を与えます。子ども達にも同じことが言えます。逆にだらしない印象を持たれると、それだけで信頼を得にくくなったり、不本意な展開につながることもあります。大人が世話をやいている時は身ぎれいでも、本人に任せるとシャツが出ていたり、えりがめくれていたりします。最後の詰めを大人がやってしまわないで、子ども自身、自然に体が動くくらいに習慣化することを目指してほしいものです。

身だしなみの基本となる技能

身だしなみの意識を育てていくのには、きちんとやれる技能が基礎となります。身だしなみの意識を技能の一貫として、また着脱の手順のなかにくみ込んでいくことです。これは排泄時の身じまい、食事のマナーを教える時と共通の考え方です。

身だしなみの基本となる技能には、すそ入れ、えり出しがあります。

①すそ入れ

小さい時は、ズボンを引き上げるだけで、すそをそのままにして、終わりにしてしまう子がいます。

大人が手を添えてすそ入れをするうちに、自分でもやるようになりますが、よく見かけるのが上着を手で押し込む子です。これだと上着が指と一緒に出てくるのでうまくいきません。また一部は入れることができても、体の横や後ろは気づかずにそのままにしがちです。

まず大人がやってみて、やり方を振り返ってみましょう。大人はズボンのウエストを片手で外側に広げながら、すその下を握って下に引っ張っています。入れた手を抜く時は、力をゆるめて出しますが、服がきつい時は、手の甲を内側にして引き出す動きもします。

手順としては、上衣を脱いでから、下衣をはくようにすると、その逆よりずっとすそ入れがスムーズにやれます。始めは、下衣のウエスト部分を大人が広げ、子どもは上衣のすそを入れるだけのところから、次に手を添えながら両方の動きをさせるというように、徐々に子どもがする部分を増やします。

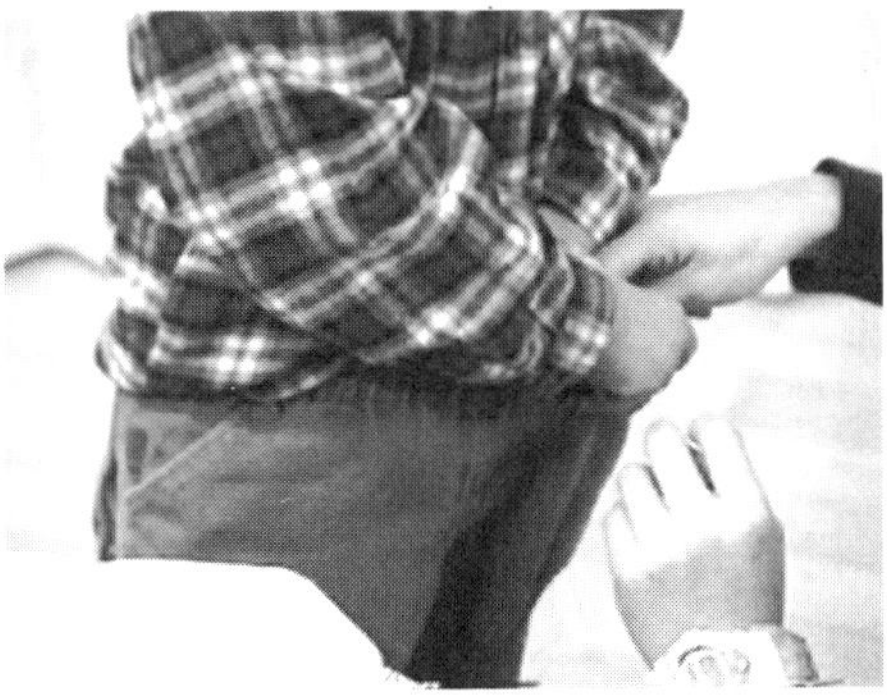

教わりながら、すそを入れている子

すそが出ていることに気づかない時は、そこをつついて知らせます。まず目で確認できる前や横をしっかりできるようにしたいもの。後ろ部分は大人がやり方を確認しつつ、手の動かし方を決めて練習します。

もう一つポイントになるのは重ね着で、下の服は入れるけれど、上の服は出すという時です。すそを全部入れてしまうことがこだわりになっていて、入れないと気がすまないという子がいます。これについては、その都度直すというのではなく、手順として、①上の服のすそをめくる、②下の服のすそを入れる、③上の服のすそを直す、という形を身につけます。手順がつかめていると、意識面へも伝えていきやすくなります。

②えりを直す

えり直しも、難度の高い技能です。自分でえりを直そうとして、ひたすらえりをめくっていたり、えりを服のなかに押し込んでしまう子がいます。その気はあっても、何がいい状態なのかつかめていないのです。

えり直しを教えるには、えりがきちんと出ている基準を伝える必要があります。練習には、まず子どものシャツのえり部分をアイロンがけをしたり、のりづけをして固めにします。この方がやわらかい生地よりも簡単にえり直しができ、きちんとしたえりの状態もわかりやすいからです。Yシャツは練習にふさわしい服です。

それから、意図的にえりを服の首口に折り込んで子どもにえり出しをさせたり、他の人のえり直しをさせることも練習になります。

上達したら、着がえの手順のなかで鏡を見て確認する方法を伝えつつ、自分でえりを直させるようにします。

身だしなみを手順のなかに

子どもの意識面が高まっていないと、やれないと思われがちな

身だしなみカード

のが、マナーや身だしなみです。でも決してそうではありません。子どもは小さいほど、身辺のことを体得していきます。望ましいやり方やその手順を体に覚えさせていくのです。

身だしなみを教えるには、大人は必要以上に口出しをしないようにします。個々の技能を教える時は、「えり」「すそ」「ぼたん」などキーワードを用いたり、指差し程度でなじませます。子どもが「言われればできる」段階なら、声かけも控え子どもに「気づかせる」ように仕向けます。

そしてさらに必要なのが、確認の術なのでしょう。この時、身だしなみカードが有効です。「えり」「すそ」「ぼたん」など、ポイントとなる部分の絵や文字を一覧にしたカードを作り、着がえの後に確認させるのです。本人にマルをつけさせるのもいいでしょう。大人は注意をせずにできばえだけを確認します。不十分だったらやり直し、やれていたらＯＫサインを出すのです。

子どもを自立させていく過程は、子どもに任せていく場面を増やす過程です。大人としては「まだ心配」なので、一言、言ってしまった方が楽なのですが、子どもの段取りや後始末について肩代わりをしない、「不親切」になることも、子ども自身の意識を高めることにつながるのです。

チェック表：身だしなみを整えよう

A　ボタンをとめられる。
B　シャツのすそを入れられる。
C　えりを直そうとする。
D　言われるとえりやすそを直す。
E　ボタンのかけ違いやとめ忘れなど言われると気づく。
F　後ろや脇もきちんとすそを入れられる。
G　えりの後ろまできちんと直す。
H　着替えの後は身だしなみを整える習慣がついている。
I　鏡を見ると不十分なところに気づく。
J　「あれ」など間接的な指摘で気づく。
K　着衣が乱れた時に自分で気づいて直す。
L　髪の毛を整えたり、衣服の組み合わせなどを自分で気をつける。

A	B	C	D	E	F	G	H	I	J	K	L
段階　1			段階　2				段階　3			段階　4	段階　5

段階1（A～Cに✓をつけた人）
技能的に直し方を教える段階。
まずは技能を。すその入れ方やえりの直し方など、手を添え動きから教えていきます。

段階2（D～Gに✓をつけた人）
直し方が部分的で大ざっぱな段階。
着替えの手順に身だしなみを整えることも加えていきます。細かいところをくり返してポイントを教えていきましょう。

段階3（H～Jに✓をつけた人）
技能的には直せるが、自分では気をつけられない段階。
鏡を見せたり、「えり、すそ、ぼたん」などポイントをカードで記入したりして意識づけていきましょう。

段階4（Kに✓をつけた人）
一定のことは自分で気づいて整える段階。
いろいろな場面で身だしなみに気をつけられるように意識づけをしましょう。

段階5（Lに✓をつけた人）
身だしなみに自分で気をつけられる段階。
髪の毛を整える、衣服の組み合わせなど、さらに気を配れることを目指しましょう。

周りのこともしっかりと

小学生の子ども達と合宿に行くとお風呂の場面でこんなことに出会います。タオル一枚用意するのに全部の荷物をひっくり返してしまうとか、お風呂から上がった時、きれいな下着ではなく古い方の下着をはいてしまっても平気。

洋服を上手に着ることができても、服の用意や、始末が人まかせだと、こうした場面で意味をつかんだ行動がとれなくなってしまうのです。着がえの準備、後始末を中心にした周囲のことへも、子どもが取り組み、頭を働かせられる機会を作りましょう。

衣服をたたむ

衣服をたたむ動作は、着脱動作を身につける時に一緒に伝え始めたいものです。これは将来、職業に就く時に、たとえば、リネンやクリーニングでも使え、応用範囲の大きいものです。

たたむ動作で一番のポイントは、衣服を広げることです。始めは大人が服を広げてあげて、子どもはそでを折り込むところから練習します。最初は、トレーナーなど厚手の物がよじれ方も少なく、服の原形に広がりやすいので、やりやすいでしょう。

服の広げ方は、すそ側を持つより、えり側を持ち、前後に振って広げた方が衣服にずれが少ないようです。そして机など平らな所で、すその縫目を左右に引っ張り、次にそでを引っ張るとおおむね広がります。

子どもに教える時は、動きに合わせながら「広げる」「アイロン」「そで」「はんぶん」など、キーワードを使うと動きを意識できるようです。たたむ動作をていねいに練習するうちに、服の形を見分けられるようになり、前後を間違えなくなった子や「すそ」「えり」といったキーワードを覚え、身だしなみがよくなった子がいます。

着脱場面に限らず関連動作が生活のなかにはあります。タオルをたたんだり、新聞やチラシを折りたたんだり。これらは手指を使う作業としても、整理整頓を身につけるうえでも大事な技能です。身辺処理技能の高まりは、生活の幅を広げていきます。

衣服の始末、準備、整理

脱いだ服をどうするかは、お風呂に入る時や学校から帰って体育着などの後始末をする時などに機会があります。洗濯するために、洗濯かごへ入れる物、下洗いが必要な下着や靴下を入れる容器、そしてハンガーにかける物などです。単純ではなく、意味があっていくつかのパターンがあります。そのために子どもにとっては自分で判断して動くよい練習場面となります。行動の意味や役に立つ行動を伝えるには、生活の流れのなかで判断を要する機会を作っていくことです。

衣服の始末がやれるようになったら、衣服の準備もさせていきましょう。日頃着る服や入浴後に着る服は、一定の範囲内のものです。入浴後に着る下着とパジャマを自分で用意してお風呂に入る、といったところから始めます。

慣れたら、学校の持ち物の準備をする時に、一緒に次の日に着る服の準備をさせていきます。服の絵を描いて示すと子どもが選ぶ目安になるでしょう。趣味やセンスが……という話もありますが、大人が一方的にあてがってしまうと、いつまでも子どものセンスはみがかれないでしょう。まず子どもにさせていくことです。見かけの問題だけではなく、下着は毎日取り替えることや、遊んだり運動する時に着る服、出かける時に着るおしゃれ着など、衣服の性質もこうした取り組みのなかで教えていくことなのだと思います。

小学校高学年になると、移動教室や合宿など親元を離れて仲間と過ごす経験が始まります。こうした機会は、衣服の出し入れや汚れ物の処理、持ち物の管理など子どもの生活力をはかる機会となるでしょう。

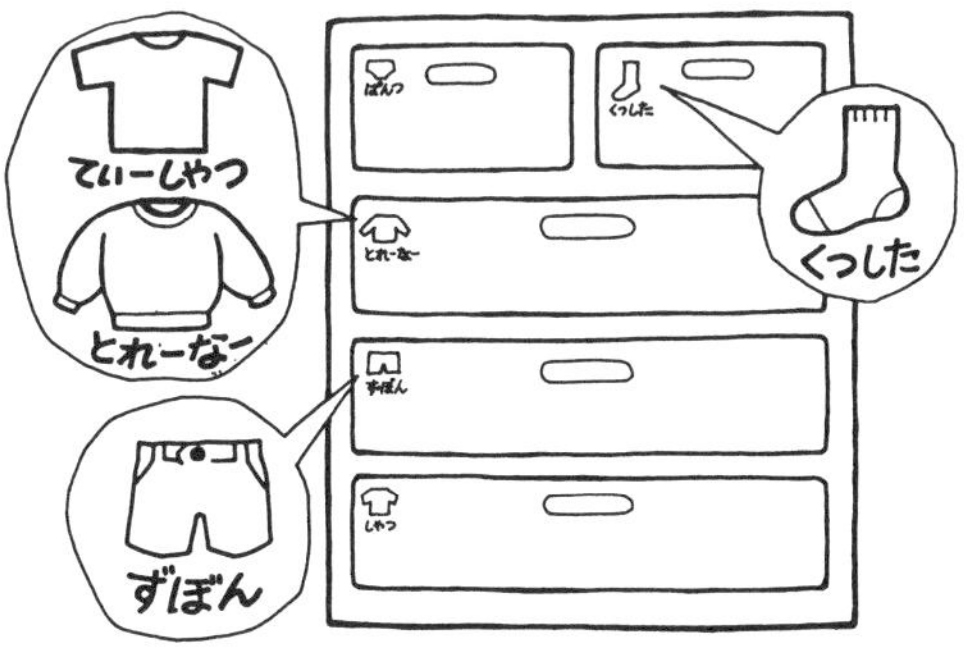

絵や文字を貼ったタンス

さて、次に、タンスの整理にも挑戦させましょう。これは洗濯物たたみと連動して取り組みたいことです。まず自分の衣服をたたみ、種類別に分類します。タンスの方には、「パンツ」「シャツ」「くつした」「てぃーしゃつ」「とれーなー」「ずぼん」など、種類別に絵や文字を貼ります。ポイントとなるのは入れ方です。ただ押し込んだり重ねるだけでは、衣服が傷んだり使い勝手が悪くなります。たたんだ服をさらに丸めるようにして、服の輪の部分が手前にくるようにすること、全部が見渡せるように入れることなどを教える必要があります。一度に全部ではなく、簡単にやれる下着などから始めます。

子どもは「きれい」とか「きちんと」とよく言われていても、どういう状態が「きれい」なのか「きちんと」なのか、わからないことが多いようです。言葉だけではなく、お手本を見せ、実際に子どもに参加させるなかで、「使い勝手のよさ」や「気持ちよさ」が伝わるのだと思います。

衣服の調節

衣服には、体温の調節や外界からの保護など、健康な生活を送るうえでの大切な役割があります。ここでは、自分で寒暖の調節ができない子、同じ服にこだわる子への対応を紹介します。

① 寒暖の調節ができない子

体をたくさん動かし汗ばんでも、言われないと上着を脱がない子がいます。逆にセーターを持って出かけたのに、冷房がきいた部屋で体が冷えてきたのに、言われないと行動を起こせない子がいます。こういう子ども達には、こんな状況を作って対処の方法を伝えるといいでしょう。

・熱いお風呂に手を入れさせる
・上着を着たまま、暖房の効いた室内で過ごす
・上着を着ずに外へ出る

こういう不快な体験をさせながら、「暑い（熱い）」「寒い（冷たい）」に気づかせていきます。一つひとつ対処法を教えます。場面に即して「暑いのなら？」→「脱ぐ」、「寒いのなら？」→「着る」と、キーワードを使うと自分で行動を起こすきっかけが持てます。

大人が先回りして、快適な環境を用意しているうちは、肝心な場面で判断できるようにはなりません。寒暖の概念を教えるのも、判断を教えるのも、一番の基本は実体験なのです。

②同じ服にこだわる子

同じ服ばかりにこだわる子、決まった色の服ばかりを着る子がいます。自閉的な傾向の子どもに見られます。衛生的にも同じ服ばかり着ているのはよくありません。

こうした子に対しては、強引にこだわりをとり除く対処ばかりでは、よけい頑なになることがあります。本人の興味を引きだしつつ、徐々に違うパターンを受け入れられるように働きかけるといいでしょう。

具体的には、同世代の他の子の姿を見せたり、買い物に一緒に出かけ、いろいろな服を見せて選ばせます。そして「これはかっこいいね」「すてきね」と大人が感じたことを伝えていきます。

七五三のお祝いの時、晴れ着を着るのをとても嫌がった子がいました。家族はがっかり。でもお母さんは、あきらめずに子ども部屋に晴れ着を飾り、地域の盆踊りには、彼女が好きな女の子の浴衣姿を見せました。そして一年後、お母さんが尋ねると、彼女は自分から晴れ着を着ると言ったそうです。一年後に晴れてお祝いができたのです。

子どもに見せて、感じさせていくことがポイントだと思います。大人に支えられるなかで「大丈夫かな」「これもいいかな？」と、子どもは新しいパターンも受け入れられるようになっていくのでしょう。

晴れ着を着てめでたくにっこり

お母さんにインタビュー：指導で苦労したこと

Q1：小さい頃の取り組みを教えてください

何にしても自分で獲得することが難しい子でしたので、一つひとつ親が手を添えて教えました。たとえば、ハイハイにしても、足を持って動き方を教えましたし、歩くことにしても、足の進め方を介助しながら教えました。衣服の着脱にしても同じですね。まさに「手取り足取り」でした。

Q2：着脱面で、具体的に苦労したことはどんなことですか

手を動かすことも大変でしたので、逆に動かしていかなければと思いました。衣服の着脱に関しては「自分でできる」形を作る工夫をしました。たとえばボタンは、保育園の制服で毎日練習しました。また、できるだけ機会を多くするために、お弁当の袋にも大きなボタンをつけて、毎日はめ外しできるようにしました。まさに「継続は力なり」でした。洋服のはおり方、ズボンへの足の通し方なども全て一から教えましたね。

Q3：お母さんは、どんな思いで取り組んできましたか

ボタン一つとっても、一年以上かかりました。何をするにも年単位でしたね。いつできるようになるんだろうと思いましたが、不思議と「できない」と思ったことはありませんでした。親がやらせ方、教え方を工夫すれば、必ずできるようになると思っていました。うまくできない時は、教え方がまずかったのだと考え、どうすればできるようになるか、またその場で考えるようにしました。

Ｑ４：本人は、できることが増えることで、どのように変化しましたか

やはり、自分でできることが増えると自信も生まれるようで、取り組む姿勢が変わってきました。また、よく見ているな、彼女なりに「うまくやれる方法」を作り出していることにも気づきましたね。「ああ、ちゃんと考えてるんだなぁ」と感心させられることもありました。できることで、世界も広がる。彼女を見ていて、それを強く感じました。

事例 Eちゃんのボタンはめの練習で得たもの

七歳になるEちゃんは、体が固くそのうえ指先にもふるえが出やすく、自分で思うように手足を動かせない子でした。着がえはできるだけ一人でさせたい、という学校の先生の意向もあり、日頃は簡単に着衣できるトレーナーなどが中心でした。ですがお母さんはゆくゆくいろいろな服装を楽しめるようにと、二年生の夏休みからボタン練習をすることに決めました。

まずお母さんは、スプーンやフォークなどを携帯する時に使用するポーチを作りました。以前はファスナーで開閉させるものでしたが、それにはすっかり慣れたので、今度はボタン仕様の物を作りました。キルティングで仕立て、ふたの部分に直径二、五センチはある大きなボタンをつけました。

早速トライ、食事が大好きなEちゃん、早くスプーンを手にしたくて、やる気は十分。でも、手指の微調整が難しいため、ボタンをギュッと握ってしまいます。ボタンをつまませても、手首を回転できず横穴ホールを通すのは困難でした。そのうちイヤになってしまいました。そこでお母さんは、再トライ。縦穴ホールにして、ボタンは簡単にとれないように、手芸用の細いロープを糸代りに縫いつけ、ボタンからの糸足も長く余裕を持たせるようにしました。すると今度は大人がホール側を少し支えていると、通せそうです。彼女もやれそうなので、努力する気持ちが見えました。携帯ポーチを、家でもどこでも愛用する日々が続きました。

その次にお母さんがトライしたのは、食事の時に着用するエプロンを特製の物にしました。丈夫のできるお母さん、生地は薄手の白地、縦穴ホールとボタンの部分に持ちやすさのための補強と、目立たせるために赤のフェルトを三センチ四方程度縫いつけました。実際に試してみると、ポーチを開けるのに比べて、エプロンを着用したままボタンをはめるのは、断然難しいのです。一つはめるのに十分以上もかかったりして、これでは彼女の集中も逃げてしまいます。そこで、始めは操作のしやすい、上から二番目と三番目のみ残して後は大人がはめて、二つのボタンはめに専念させることにしました。道具立てを工夫し、スモールステップ、それでも手を添えて伝える時期が一年近くありました。

そして、現在彼女は中学生。もう何着目かになる食事用エプロンとポーチを今も愛用しています。特製ボタンのついたポロシャツもおしゃれ着の一つです。

「Eさんのよいところは?」「彼女のねばりがいいね」私達の間ではそういう評判です。

身につけるのに苦労して時間がかかっても、お母さんから受け継いだねばり、現在は彼女の長所として、物ごとに取り組む前向きさとして発揮されています。

事例　自分で気づいてすそを入れられるようになったF君

八歳になるF君は活発で多動傾向のある男の子。着がえは一通りやれるけれど、いつもシャツのすそがめくれていたり、えりがよじれていたり、身だしなみにはまったくの無頓着。トイレの後や運動の後などは、すその乱れがいっそうひどくなって、「あ～あだらしない」いつも大人達に注意を受けてしまう子でした。

彼の日頃の着がえの様子をよく観察してみると、二つの弱さが見えてきました。着がえの手続きにすそ入れやえり出しをする習慣となっていないこと、それからすそが入っていなくても、ひどくよじれていても気にならず、体の感覚が十分に育っていないことがわかりました。そこで、着がえの時のポイントとして身だしなみカード（162頁）を示しました。

まずズボンを引き上げる時にすそを入れるように促し、全部やり終えてから絵を見ながらすそ、えり、ボタンを確認させるのです。これには彼も注意をひいた様子。言葉で注意されるだけでは、つい聞き流していた彼が、ポイントは？　と促されると気にかけられるようになりました。

一方、すそ入れしたつもりでも、キチッと入った感覚が不十分なF君は、またすそ入れそのものの技術も結構難しく、手前部分は何とか入れられても、後ろ部分は手が上手く回らない、横は入れ忘れやすい状態でした。そこで集中練習したのが、パジャマのすそ入れです。生地が柔らかくゴムズボンなので、日中にはくズボンよりもやりやすいからです。

家庭では鏡の前で、自分で前の部分はさせて、後ろは意識して伝えました。いつも口をすっぱくして注意をしていたお母さんも、彼とじっくりつきあってみて意外に手を上手く使えないことに気がついたそうです。「具体的に手で伝えることが早道なのですね」と言っていました。

こうした練習をつんで、F君は半年くらいかけて日頃の服でも、ポイントを気にして着がえられるようになりました。まだ排泄後の着衣の乱れには、うっかり気づかない時もありますが、「どこかかっこ悪いねえ」と言われると自然にすそに手がいくようになりました。「かっこよい」ということが、自分でやることによって、手や体、そして意識になじんできたF君です。

Q&A

興味のないことはやろうとしない子

Q　うちの子は、現在保育園の年中に通っています。三歳児健診の時に、まだ言葉が出なく泣いているだけで、医師の働きかけに何も応じませんでしたので「自閉傾向の発達遅滞」と診断されました。「今に何とかなるのでは」という、かすかな期待も打ち砕かれて、大変に落ち込んでしまいました。

その時医師から、「子どもの言いなりに面倒を見ているだけではなく、いろいろと働きかけてやらないといけませんよ」とアドバイスを受け、保育園の入園もすすめられました。

今は保育園にも受け入れていただき、私も前向きに考えて、できないことは教えてゆこう、と実行しています。

しかし、教え方が難しく、私が一生懸命やらせようとしても、手元を見ようとしません。何度も言うと最近は何とか始めるようになったのですが、目を離すとボーっとそのままでいたり、スーッとはなれていってしまいます。やる気のない様子に、こちらの教えようとする気持ちも、続かなくなってしまいます。反面、自分の興味のあることはよく見ていて、冷凍庫から勝手にアイスを出してきて食べたり、玄関の鍵を開けて出てゆこうとしたりします。その時に叱っても、平然としていて、叱られたことがわからない様子です。教えても無理なのか、それとも教え方が悪いのか、と思い悩む毎日です。教え方のコツと言うようなことがあるのでしょうか。ぜひ、アドバイスをお願いします。

A　ご質問から受ける印象では、お子さんはエネルギーが少し弱いかなと思えますけれど、どうでしょう。不快だと思うような事をされない限り、静かでお母さんをギョッとさせるようないたずらも、周りの人に対して、身のすくむような思いをさせたこともなく過ごして来られたのではないかと思います。赤ちゃんのように世話をして、育てていける年齢でもありましたしね。

保育園でも、保育の流れをストップさせてしまうような「困る行動」はなくて、少々、存在感はうすいのではないでしょうか。

こういうお子さんの「問題」は、ともすると見過ごされがちですが、実は「そこが重大な問題」と受けとめていく必要があるのだと思います。

今、お母さんが何を教えているのかわかりませんが、まず、「体を十分に動かさせる」ことが必要だろうと思います。その一つとして、「歩くこと」。毎日三十分は歩くことをおすすめします。これも子どもが勝手気ままに歩いて、それにお母さんが従うのではなく、一定の速度で歩くお母さんに合わせて歩かせます。

子どもは、歩きたくなくて、抱っこを要求したり、泣いたりするでしょうが、「〜まで歩いたら、抱っこしてあげるよ」と手近な目標を決めて、そこまで歩かせて、「えらかったねえ、はい、抱っこしてあげるよ」とほめて抱いて上げ、「十数える間よ」などと約束して、はっきりと「一、二、三……十」と数えられたら下ろします。これを根気よくくり返すのです。

始めは、お母さんの提示しているルールはわかりませんし、泣けば思い通りになる経験もつんできていますから、泣いて座り込んだりして、自分の思い通りにしようとするでしょう。でもそこでお母さんが妥協しないで「歩かせる」のです。始めは、時間ばかりかかって、たいして歩けないかもしれません。しかし、毎日根気よくくり返し続けてゆくなかで、だんだんとお母さんの提示しているルールを理解するようになり、ほめられることを喜ぶ表情も出てきますし、「歩くこと」に慣れて「歩くこと」が気持ちよく好きになってゆきます。

「歩くこと」は、子どもの表情を引きしめ、目を生き生きとさせてくることを、私は数多く経験しています。

こうした働きかけのなかで、子どもは「人からの働きかけを受け入れようとする構え」「周囲への関心を広げ、その刺激を取り込もうとする姿勢」を育ててゆきます。

外へ出て行けば、公園や、土手や、開放されている校庭などがあるでしょう。鉄棒のぶら下がりをさせたり、花壇のヘリを落ちないように歩かせたり、土手や階段の昇り降りをさせたり、体全体をいっぱいに使うことで活気も生まれてくるでしょう。

そのつもりで見まわせば、学ばせる場はたくさんありますね。まずお母さんが目標を決めて、それをクリアーさせてゆきましょう。子どもの表情をよく観察していて、真剣な表情になっていくのを目安にしてゆきましょう。お母さんもおうちのなかで、一向にのってこないお子さんと向かい合って気持ちを落ち込ませているより、精神衛生上よいのではないかと思います。

体を十分に動かせば、食欲も出てきて、エネルギーも充電されてくるでしょう。食べることに意欲が出てくれば、その場を活用して偏食の改善（苦手な物をチョッピリ、それを食べたら好きな物が食べられる。お母さんからうんとほめられる）や食事のマナー（ごちそうさままで席を立たない、道具を使って食事をするなど、いろいろあります）をしっかりと教えてゆきましょう。

こうした、お子さんとのやりとりのなかで、お母さんの指示に応じてがんばる、という流れができてくると、お母さんが教えたい、と思っていることにも応じてがんばるようになりますよ。

また、勝手にアイスを食べたり、玄関の鍵をあけて出ていこうとしたりすることには、本気で叱ることです。「わからないくせに、こんなことばかりする」なんて思わないことです。「絶対にわかるようにさせよう」と決心して、その場で本気で向かい合いましょう。お子さんは必ずわかります。

一貫した態度で根気よく取り組んでくださいね。（石井　葉）

第5章

指導の実際　清潔

「きれいに」「さっぱり」「気持ちいい」などの心地よさや幸せを子ども達に感じられるようになってほしいものです。

なかなか意味を伝えにくい「清潔面」ですが、決してあきらめず、ステップを踏んで教えていきましょう。

子どもと向かいあう時に

着脱の技能以上に清潔の技能は、皮膚感覚や位置感覚がポイントになります。皮膚感覚が弱いために、汚れたという違和感に気づきにくい子がいます。逆に皮膚感覚が過敏で、「触覚防衛」の子ども達は、歯みがきや耳かきを嫌がることがあります。

一方、見えない部分をうまく触れなかったり、見えていても体の動きを作れない子どももいます。こうした弱さを持つ子ども達が、感覚に慣れ、動作を身につけるにはどうしたらいいのか、働きかけのポイントを紹介します。

体の皮膚感覚に弱さや過敏さのある場合

皮膚感覚の弱い子

手を洗うにしても体を洗うにしても、なでるだけという子がいます。力の入れ具合がつかめていないのです。また鼻水やよだれが出ているのに全く気にしない子がいます。

彼らには大人が手を添えて、力の入れ具合を伝えていきます。タオルなどを使う時は、小さめで薄地の物を選び、力を加えやすくしましょう。「ギュッギュッ」とか「ゴシゴシ」という声かけをしてニュアンスを伝えます。汚れている、ベタベタしている、せっけんがついていてヌルヌルしている、きれいに洗ってさっぱりした、という状態の違いを本人の感覚と意識に伝えていきます。また皮膚感覚を高めるために、「乾布摩擦」をするのも有効な手立てでしょう。

鼻水やよだれがいつも出ている子は、顔が濡れている状態が通常になっているのです。いつまでも大人がふき取ってあげるのではなく、手を添えて子どもにもさせていきましょう。大人とともに自分できれいにして「さっぱりした」「気持ちいい」という感覚を本人に伝えていくのです。

皮膚感覚が過敏で触覚防衛のある子

体に触られることが苦手で触覚防衛のある子ども達がいます。こうした子達は、歯みがきや耳かき、散髪、爪切りなどを嫌がりがちです。こうした子達には、あせらず、受け入れられる刺激から徐々に苦手な刺激に慣れていけるように促します。

たとえば、歯ブラシを口にふくむことを嫌がる子には、歯ブラシではなく、清潔な大人の指を子どもの歯ぐきと頬の間に入れて頬を広げるようにジワッと力を加えます。それから徐々に歯ぐきをこするというように感覚に慣れるようにしていきます。

大人の指で頬を広げるようにジワッと力を加える

また耳かきや散髪、爪切りを嫌がる子は、綿棒は苦手でも、広い範囲をじっくり押されるのなら、若干抵抗感がやわらぎます。頭や耳の周り、手などに触れたりこすったりして、感覚になじませていきます。

そして次は、歯ブラシや綿棒など実際に使う道具でじっくり圧する感じで触れてみます。それからいよいよ本番へ、となります。

いずれの場合も、「十までガマンをしよう」と時間を区切るとがまんしやすく、またほめやすくなります。本人にとっては耐えがたい感覚があることを大人はわかりつつ、でも子どもが慣れていくこと、がまんしていく必要もあります。少しずつでも、ある程度持続して慣れさせないと、忘れた頃に苦痛がくり返され、恐怖感が強められてしまいます。子どものがまんを支えるのが大人の役目です。

体の位置感覚が弱い場合

位置感覚の弱い子

お風呂で体を洗う時に、背中やおしり、首のうしろなど見えない所をうまくこすれない子がいます。自分ではやっているつもりなのに、ポイントをつかめないでいます。このような子には、言葉での指示やまねさせるだけでは、うまくいきません。体の動きを整えていく必要があります。体にさわる場合、大人の手が子どもの体に触れている部分を探し、手を重ねさせたり、体の部分に貼ったシールをはがしたりすることが練習になるでしょう。お風呂のなかだけではなく、ひねりの動きを始め、いろいろな姿勢を作ったり体の柔軟性を高める運動も遠回りのようでいて有効です。

意識しないうちに体の動きや感覚を学んできた大人は、こうした弱さに気づきにくいものです。「できない子」と叱ったり、ただやってあげるのではなく、子どもがわかるやり方を探り、ていねいに取り組んでいきたいものです。

着脱もそうですが、清潔の技能は、生まれついてそうしたいという欲求が持ちにくい分、生活習慣のなかできれいになるとさっぱりする、気持ちいい、ということを伝えたいものです。過敏あるいは鈍い感覚との闘いを乗り越え、学んでいける手段を見つけ、子ども達にも、きちんときれいにしている心地よさや幸せを、感じられるようになってほしいと思います。

手をきれいに洗おう

一日に私達は何回も手を洗います。でも子ども達を見ていると案外いい加減、チョンチョンと水をつけて済ませている子どもも多いようです。「手が上手く動かないのかな？」いいえそうではなさそうです。せっかく上手にお料理が作れても、手が汚れていたり傷だらけだったらがっかりします。職場でも清潔感を保てないと仕事の幅が狭められてしまいます。子どもの時からさわやかな容姿と健康を維持するために清潔感を伝えたいものです。その第一歩が手を洗うことなのでしょう。

水に慣れる・蛇口の開閉

水が好きな子ども達も多くいます。一方でいつも手や体をふいてもらっているような子どもは水を恐がることがあります。そういう子ども達には、お風呂で濡れた手や体をふいたり、たらいにはった水に手をひたしたり、おもちゃを使っての水遊びなどで、抵抗感を減らしていきましょう。

蛇口の開け閉めがうまくいかない子には、手を添えて「ギュッ」と動きの方向を伝えます。少しひねれば水が出る状態にしておくと、子どももその気になりやすいでしょう。また似たような手の使い方には、ジャムなどの瓶のなかに鈴やビー玉を入れて、ねじぶたの開け閉めをする、小さな台布巾をゆすぎ、手で絞る練習などがあります。

手洗いへの取り組み

排泄の後、食事の前と手を洗う機会は多いものですが、雑になりがちです。手がきれいなのか、汚いのか、ひどく汚れていない限り区別がつきにくいものです。よく見えない物について判断をくだすのは簡単ではありません。このようなわかりづらい物には、きれいになる「手順」で習慣化をするといいでしょう。具体的には次のようなやり方です。「一番　手の平、二番　手の甲」というようにキーワードでなじませるといいと思います。

この時、指が丸まる、指がそり返る、指の間に反対の手の指が入らない、手首が回らないなど、うまく手が動かない場合があります。そういう時は、子どもの手に触れながら、力の入れ方や動かし方を伝えていくようにします。動かし方を見せて、子どもに模倣をさせることもあります。

固形せっけんをしっかり泡立てることは意外と難しいものです。慣れないとせっけんがすべるので、泡が手につかないうちに、ストンッと流しに落としてしまいます。そのような時に役立つのが、よく小学校の水道管にくくりつけてあるネットに入ったせっけんです。これはなかなか具合がよく、慣れない子どもでもせっけんを泡立てやすくなるようです。

洗った後のふき取りは、幼児期にタオルで手の甲までふく習慣をつ

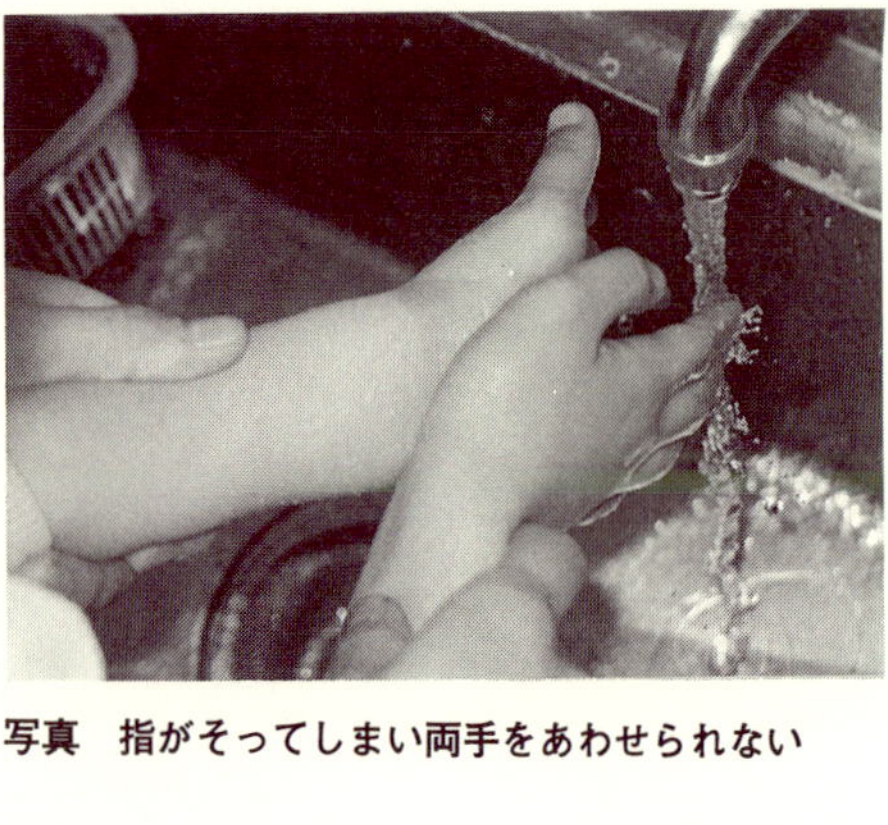

写真　指がそってしまい両手をあわせられない

け、年齢に合わせてハンカチを使うように習慣づけをしたいものです。ポケットからのハンカチの出し入れもさせましょう。これらはくり返していけば、体に自然と身についてくることです。

手洗いの意識づけ

職場体験をする実習に出かけてみて、特に食品関係を扱っている現場で、決まって求められることが手洗いの徹底です。作業にとりかかる前に、手を手順通りに洗い、徹底的にきれいにする、しかも素早くということも要求されます。

日頃からしっかり手を洗っていない子どもは未熟さが露呈してしまいます。手先のことに興味を持っていろいろな作業をやれても、清潔感を持っていないと職場や社会に受け入れてもらえない、ということもいく度となく見聞きしました。

子ども時代から技術面と同時に、「きれい」や「さっぱり」という感覚を意識できるようになってほしいものです。子ども達が料理などのお手伝いや作業をする時に、鼻をほじらない、傷口をさわらない、体をかかない、手が汚れたら洗う、こういうことを一つひとつ伝え、意識できるように働きかけてほしいと思います。

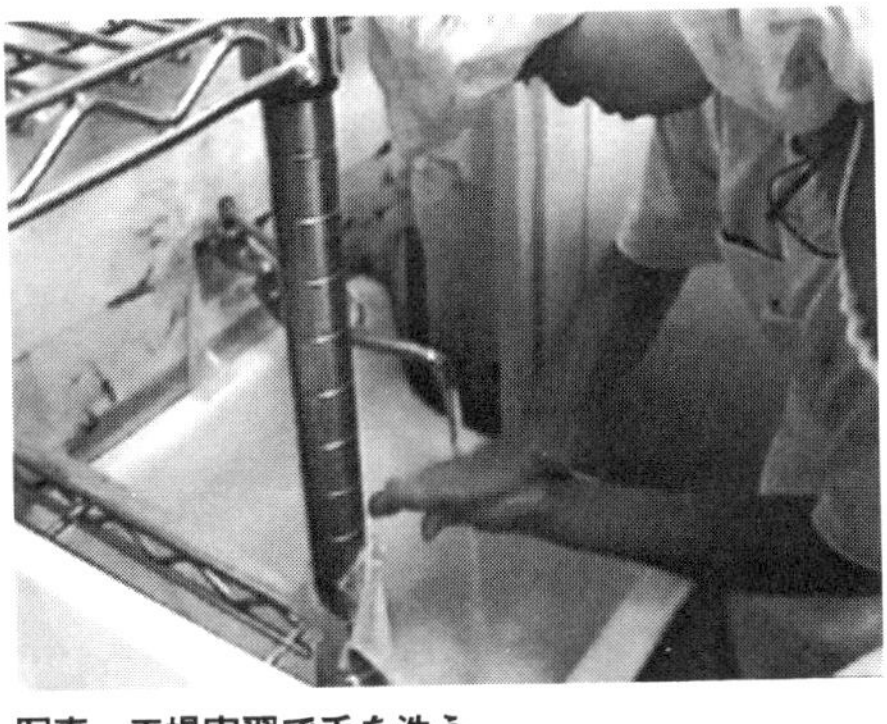

写真　工場実習で手を洗う

チェック表：手をきれいに洗おう

A 大人に手をとってもらい、一緒に手を洗う。
B 大人が蛇口をひねれば、自分で水の下に手を持っていく。
C 蛇口を（水が垂れる程度）ゆるめれば自分で蛇口を開けられる。
D 蛇口をひねる方向を示せば、自分で蛇口を開けられる。
E 自分で手の平をこすり合わせて洗える。
F 方向を示せば自分で蛇口を閉められる。
G 手の甲もこすり合わせて洗える。
H 慣れた形の蛇口の開閉が一人でできる。
I せっけんを泡立てられる。
J 指の間、指先など一通りこすり洗える。
K せっけんをきれいに洗い落とせる。
L 力を入れて全体をきれいに洗える。
M 決まった場面以外でも手が汚れたら気がついて洗える。

A	B	C	D	E	F	G	H	I	J	K	L	M
段階 1			段階 2				段階 3			段階 4		段階 5

段階1（A～Cに✓をつけた人）
まだ大人が全面的に手伝っている段階。子どもに声をかけ、手を添えながらコツを教えましょう。さっぱりとした心地良さも伝えながら。

段階2（D～Gに✓をつけた人）
蛇口を開け、手を水につけるようになった段階。蛇口の開閉や手の平や甲のこすり方を手を添えたり、模倣させたり、手をこすりあわせる感覚を伝えていきましょう。目で確認させることも大切です。

段階3（H～Jに✓をつけた人）
蛇口の開閉ができて、手の平と甲をこすれるようになった段階。せっけんの使い方を教えていきましょう。

段階4（K～Lに✓をつけた人）
一通り自分で手を洗えるようになった段階。部分的な汚れやせっけんの残りなど、意識できるか、確認してみましょう。

段階5（Mに✓をつけた人）
配慮面を考える段階。不意に手が汚れた時にどうするか、水がはねた時にどうするかなど、見守り配慮を考えていきたいです。

チェック表：手をきれいにふこう

A　促すとタオルに手を伸ばす。
B　タオルをつかむ。
C　タオルをなでる。
D　手の平や手の甲をタオルで一回こする。
E　手の平を二～三回タオルにこすり合せる。
F　手の甲も二～三回ふく。
G　手首までふく。
H　ハンカチを出してふく。
I　水滴が残っていたら、ふき直す。
J　（公共のトイレなどで）ペーパータオルを利用できる。
K　（公共のトイレなどで）エアータオルを利用できる。
L　ハンカチを忘れずに持つ。

A	B	C	D	E	F	G	H	I	J	K	L
段階　1			段階　2			段階　3		段階　4		段階　5	

段階1（A～Cに✓をつけた人）
ふくことを意識づける段階。
食事の前やトイレの後は必ず手をしっかり洗わせましょう。

段階2（D～Fに✓をつけた人）
ふき方を教える段階。
手を添えたり、言葉かけをして、動かし方や力の入れ具合を教えていきましょう。

段階3（G～Hに✓をつけた人）
一応ふけるようになった段階。
手の甲や手首など忘れやすいところもふくように促しましょう。

段階4（I～Jに✓をつけた人）
ふけるが確認不十分な段階。
形式的に済ませず、水滴が残っていないか確認させるようにしましょう。ポケットからのハンカチの出し入れも習慣にしたいです。

段階5（K～Lに✓をつけた人）
いろいろな物や場に慣れる段階。
公共の設備の使い方なども経験してなじんでいきたいです。

歯をみがこう

虫歯がズキズキ痛むとそれだけで不機嫌になったり、食べ物をおいしくいただけません。まだ中学生なのに歯ぐきがはれ、少しこすると出血する子もいます。歯の健康は食生活だけではなく、健康を維持していくために大きな影響を及ぼします。

歯みがきは、見えない部分も多く、技能面一つとってても難しいものです。きちんとさせる部分と本人に自分でさせていく部分に分けて練習をしましょう。

歯みがきの感覚に慣れる

① 歯みがきを嫌がる子

口の中を触られることを、とても嫌がる子がいます。特に上の歯の側面がウィークポイントのようです。こういう子には、口周りのマッサージから始めましょう。大人の指で唇の付近をはさみ、ゆるめるようにもみます。

口中のマッサージは、歯ブラシではなく、清潔な大人の指を歯ぐきと頬の間に入れ、頬を外側に広げるようにジワッと力を加えます（183頁参照）。次に歯ぐき側を押し、さらに指で歯ぐきを少しこするという手順で感覚に慣れるようにします。受け入れやすい刺激から少しずつなじませていくのです。

大人の指での刺激に慣れたら、今度は歯ブラシを使います。こちらも頬をブラシで押す所から始めます。子どもには少々のがまんを求めますが、その努力をほめていくなかで徐々に乗り越えていけるでしょう。

②歯ブラシが口の中で空回りをする子

歯ブラシに慣れて、口の中に入れられ、動かしても空回りをしてしまい、実は歯にあたっていない子がいます。鏡を見せても、下の歯と前歯しか見えないので歯ブラシを歯にあてる手がかりになりにくいのです。

こうした子には、まず大人と一緒に歯ブラシを持ち、歯ブラシを動かす方向を示します。子どもにさせていく段階では、大人の指を歯の脇におき、歯ブラシが歯からずれないように動きをガイドします。特に前側や横側は、歯ぐきからずれてしまいがちなので、このガイドが有効です。

歯みがきの手順を身につける

みがきやすい所ばかりみがいていて、全体をみがけていない子がいます。

こうした子には、一定の手順でいつも取り組むようにします。下歯のかみ合わせから始まり、右回りまたは左回りにして自然な動きを定着させます。

子どもにさせていく時は、手順の絵を示すと手がかりになる場合があります。次頁のような絵を洗面所に貼って練習するといいです。始めは大人と一緒にそれぞれの箇所を十回ずつこするようにします。そうすると徐々に絵の示す位置がわかってくるので、子どもに任せていきます。

子どもがみがく箇所は、かみ合わせ四カ所くらいからスタートして、次に前歯を加え、その次に側面もみがくというように少しずつ増やしていきます。意識して取り組むなかで、子どもによっては、上下や左右という言葉にも動きを通じてなじむ場合があります。

場所に応じたみがき方をする

歯ブラシでのみがき方は、かつてはローリング法などもありましたが、現在は歯科医などで勧められるのは、あまり手指に力を入れずに小刻みにたてや横にみがくやり方です。

子ども達の場合、多くの子が「横みがき」をしています。このやり方だけでは、歯ぐき側に歯垢が残ってしまいます。前歯や側面をみがけるようになったら、場所に応じたみがき方も教えていきましょう。

かみあわせ部分は「横みがき」でいいのですが、前歯と側面は「たてみがき」でみがく必要があります。慣れてきた子には動きを区別するよう教えましょう。

歯ブラシを短めに持たせて、歯ブラシの背に自分の人差し指をあてさせると、力の入らない子の場合は、力の入れ方がわかります。

歯ブラシの技能は、きちんとやれるまでの道のりが長くかかります。私達大人もそうだったと思います。完成するのは小学校の高学年から中学生の頃でしょうか。それまでは注意をされるものの、めんどうでいい加減にやったり、技能も未熟です。でも中学生くらいになると、舌先で歯に触れるとツルツルしていて気持ちがいい、きれいにしていたい、とはっきり自覚を持ってみがき出します。

はた目から見て、子どもが一通りみがけるからといって任せてしまうのはよくありません。みがき残しがあったり、力を入れすぎているかもしれません。不十分なやり方なのに、大人が合格と決めてしまわないことです。

子ども達の歯みがきも、まずは形から入り、自分でやったり、手伝ってもらうなかで、歯みがきをした後の爽快感を感じられるようになるのだと思います。

長い目で見つつ、今はこの段階で練習をしている、次の段階ではここを目指す、というように大人レベルまでアップさせたいものです。

チェック表：歯をみがこう

A 大人が全面的に介助して行なっている。

B 自分で口を開けようとする。

C 自分で歯ブラシを握り、口に入れることができる。

D 歯ブラシをあてるべきところに誘導すれば、自分で動かす。

E みがきやすいところを自分でこする。

F 歯をみがいている間、口を開けていられる。

G 二カ所をみがく。

H かみ合わせ四カ所をみがく。

I かみ合わせ四カ所、前歯を一定の手順でみがく。

J かみ合わせ四カ所、前歯、表側を一通りみがく。

K 裏側面も一通りみがく。

L 歯ブラシを一〜二本ずつの歯にあて、小刻みにふるわせて、一通りみがく。

M 場所に応じたみがき方ができる。

N 全体にむらなくみがく。

A	B	C	D	E	F	G	H	I	J	K	L	M	N
段階 1			段階 2				段階 3			段階 4		段階 5	

段階1（A〜Cに✓をつけた人）
まだ大人が全面的に手伝っている段階。口の周りや口中のマッサージを十分にしましょう。刺激に慣れさせていく段階です。

段階2（D〜Gに✓をつけた人）
歯ブラシに慣れ、自分でやろうとする段階。大人が子どもの目の高さで見本を見せたり手を添えたり、模倣をさせたり、言葉で伝えたり、歯へのブラシのあて方を、手をとって具体的に教えていきましょう。

段階3（H〜Jに✓をつけた人）
何カ所か自分でみがけるようになった段階。歯の表側を中心に、みがく順番を決め、一定の回数こする練習をしましょう。

段階4（K〜Lに✓をつけた人）
一通り自分でみがくことを目指す段階。歯の裏側を順番に加え、まんべんなくみがく、特に歯ぐき側などをていねいにみがくことを教えましょう。

段階5（M〜Nに✓をつけた人）
ていねいにみがくことを教える段階。場所に応じたみがき方を教え、みがきやすいように歯ブラシを持ち替えたりして、ていねいにみがくように教えましょう。終った後は鏡などで確認することも忘れずに。

うがいをしよう

歯みがきと一緒に身につけていくものにうがいがあります。うがいは頬、唇、舌を使う微細な運動です。模倣が基本になりますが、介助によって形を作ることが難しく、子どもにとっても感覚がつかみにくいものです。

子どもの様子で、水を含む練習、吐き出す練習、口の中で動かす練習などポイントが定まります。大人が側でやって見せ、一つひとつの感覚を伝えましょう。

口に含んだ水を吐き出す

口の中に水を入れるとすぐに飲んでしまう子がいます。少量でも促されて吐き出せれば、そのまま練習をしますが、うまくいかない場合は固形物を出す練習から始めます。

練習のため、口に大人の指を入れるので、本人によく説明しておきます。使う物は果物の種などがいいでしょう。食べ物を出すようになると困るので、食べ物でなく、万が一飲み込んでも害のない物を使います。口へ入れた物を飲みそうなら、大人の指をはさみ、口を開けさせて出します。

次に、水分を含んだ物を口に保ってから出す練習をします。清潔なガーゼやティッシュを濡らして、含ませ、その後出すようにさせます。

これができるようになったら、スプーン一杯の水を口に入れ、口を開けたままでそれを出す練習をします。口を閉じたくなるので、大人の指をはさんだままで出すように促します。「水を出す」ことになじんだら、口を閉じても、水を飲まずに、すぐに開いて出すという難関に挑戦します。これができたら拍手喝采。

ブクブクうがいをする

唇の周りや頬が硬い子の場合、指でもむようにしてマッサージを行ない、不要な緊張をゆるめます。ブクブクうがいは、大人がやって見せ、子どもにまねをさせるところから取り組みましょう。遊びの場面で頬をふくらませたり、舌をベーッと出したり、口を大きくあけたり、すぼめたりいろいろ試します。鏡で動きに注目できる子は、自分で口の動きを見て確認させてみるといいでしょう。

実際に口に水を含んでブクブクする時は、唇を閉じて行なう必要があります。ブクブクの動きはやれなくても、口にためている時間を伸ばしていく、口に空気を含んでふくらませて、左右に動かすことなども練習になります。

ガラガラうがいをする

ガラガラうがいは一般には、四歳頃にはできるようになります。風邪予防のためにも身につけていきたい技能です。ブクブクうがいができるようになったら練習を始めましょう。

上を向かせて「アー」「ガー」というところからスタートします。少しずつ水を含んで試します。コツは真上を向かせ過ぎず、のどを全部ふさいでしまわない程度に、顔を傾けることです。「ガラガラ」と水が空回りするような音が出たら、できるようになるまであと一歩です。

ブクブクうがいやガラガラうがいができるようになった子で時々みられるのが、前を向いたまま所かまわず水を吐き出す子です。このため手前の鏡や服がビショビショになってしまいます。

こういう子には、排水口を目がけて吐き出すように標的を定めるといいようです。「汚いよ」などと注意をするだけではなく、行動の目安を示すことで「いい」―「まずい」という判断も教えることができます。

チェック表：うがいをしよう

A　コップから水を口に含める。
B　口に入れた水をすぐに吐き出す。
C　水を口の中にためられる。
D　水を含んだまま、口を動かせる。
E　下を向き、勢いよく吐き出せる。
F　口の中で水を回して、ブクブクうがいができる。
G　周りに水をとばさずに、うがいができる。
H　顔を上向きにして、ガラガラうがいができる。
I　歯みがきの後はブクブクうがい、家に帰ったらガラガラうがいなど区別できる。
J　使ったコップを洗って、元に戻せる。

A	B	C	D	E	F	G	H	I	J
段階　1		段階　2			段階　3		段階　4	段階　5	

段階1（A～Bに✓をつけた人）
口に入れた水をすぐに吐き出すように伝える段階。水を浸した脱脂綿など清潔な固形物を口に入れ、吐き出させたり、コツを伝えましょう。

段階2（C～Eに✓をつけた人）
水を口にためることや勢いよく吐き出すことを伝える段階。
見本を見せたり、遊びの中で学ばせましょう。

段階3（F～Gに✓をつけた人）
ブクブクうがいを教える段階。
少量の水を含ませ練習しましょう。口をふくらませたり口形の模倣も練習になるでしょう。

段階4（Hに✓をつけた人）
ガラガラうがいを教える段階。
水を含んで「アー」の声を出させるなどして、口の動きに気づかせていきたいです。

段階5（I～Jに✓をつけた人）
うがいができるようになった段階。
ブクブクうがいとガラガラうがいをする場面の違いやコップの後始末なども教えたいです。

お風呂のことも自分でやろう

大人にとっては一日の疲れをとり、ホッとリラックスできるのがお風呂の時間です。子どもにとってもそういう場になってほしいものです。お風呂の場面で子どもにやれることを探してみると案外多いことに気づきます。

いろいろな技能面を子どもの状態にあわせて教えるとともに、お風呂の楽しさやきれいになった気持ちよさを、味あわせてあげたいものです。さっぱりして気持ちいい、きれいが好き、そんな感覚を味わえる環境を用意していきましょう。

入浴の道具立て

タオルをうまく使えない場合は、子どもの手に合う幼児用のスポンジがあります。せっけんの泡立ちもよく、扱いやすいです。部分的にでも体をこすれるようになったら、薄目で短いタオルを用意しましょう。旅館などでもらえるタオルは比較的薄くて適しています。幅が広い物はカットして調整します。子どもの手になじみやすく、泡立てやすく力もこめやすくなります。

部分練習

せっけんをタオルにぬる

せっけんの泡立てはうまくできると面白がる子も多いものです。せっけんをうまく持てずに滑らせてしまう子には、タオル間にせっけんをはさんでもむと、ある程度ぬることができます。また、果物が入っているようなアミネットにせっけんを入れてこするようにすると泡立ちがよくなります。うまくいきだすと子どもも集中して取り組むでしょう。

洗う力のパワーアップ

手指の力が弱くて、よく力が入らない子には、タオル絞りや食器洗い、テーブルふきなどが力の入れ方の練習になります。大人が手を添えてギュッと伝えていきます。力をこめる意味合いをつかませるために食器洗いやテーブルふきの時は、汚れをはっきりさせておいてふかせるのもいいようです。お風呂では時々大人の背中をこすらせると、どの程度力が入るようになったかがわかります。

体を洗う

手順を身につける

お風呂での体洗いは、手順が長く覚えにくいものです。手順は着脱などと同様、一定の方が身につけやすいので大人が自分でやった時にスムーズにやれる流れを確認しておきます。

動作の模倣ができる子には大人のまねをさせて行ないます。ある

大人の動きを見てマネをさせる

程度慣れてきたら、すぐに指示をせずに「次はどうするの？」などと見守って、子どもが自分でするように促します。防水した手順表を用意すると、指示待ちで注意が切れがちな子どもも自分で始めやすくなります。

一方、体の場所を示す言葉の理解には、表に示したような順序があります。まず一番わかりやすいのは、目で見えたり、手でさわれる部分です。それから、徐々に境界があいまいな部位や、背中など目に見えない部位もわかってきます。入浴などで声をかける時は、こうした言葉の理解力も考慮しながら、伝えるようにしましょう。

体の感覚の弱い子

体の感覚の弱い子は、手順表を見ても、その部分に手がいかなかったり、動きが作りにくかったりします。こうした子には、言葉、模倣、写真などの手がかりと「動き」を組み合わせて教えます。ある姿勢にタオルを構えると洗い始める子もいます。洗い忘れやすい部分は、感覚をつかめていない場合もあるので、動かし方を手を添えてじかに伝えていきます。その他、背中に回した両手が同時にタオルを引っ張り、背中を洗えない人には、片方の手の動きだけを手伝うとやりやすくなります。

髪の毛を洗う

湯や泡が顔にかかるのをこわがる子

小さいうちは、大人が子どもをあおむけに抱えてできますが、それ

6カ月から～1歳	指差しができる
1歳～2歳	目、鼻、口、耳、頭、お腹、手、足、（目で見たり、手で触れられる部位）がわかる
3歳～5歳	頬、歯、髪、指、額、首、のど、肩、あご、胸、背中、舌、肘、膝、かかとなど（他の部位との境界線があいまいだったり見えない部位）にも注目できる
6歳	体の機能をある程度、理解できる痛みの場所についておおまかに伝えられる

も三～四歳くらいまででしょう。こわがる子には、目をつぶる練習を風呂の外でもしていきます。次に下を向く姿勢で目に入らない程度の湯をかけて様子を見ます。あまり一度に進まず、少しずつ湯を多めに広い範囲にじわじわ広げていきます。少し泣いても、徐々にがまんができるようになり、できたことをほめられて乗り越えていきます。人にかけられるのが嫌でも自分でかけるのなら大丈夫、という場合もあるのでこれも試してみましょう。

手順を身につける

体を洗うほど長い手順ではありませんが、洗髪もいくつかの部分を区別して洗うことになります。頭の前の方や頭頂部など限られた部分だけを洗うことも多いです。指さして示してこすらせたり、「前」「うしろ」「耳の上」など言葉を教え、実践で使う場面にするといいようです。

このような表などを見せたり、一枚ずつのカードにして一定の手順で取り組む

顔を洗う

始めは手で頬を濡らすだけの子が多いようです。顔が濡れるのがこわい子は、まず目をつぶっている練習をすることから始めます。その上で、濡らしたタオルで顔をふくこと、目の周り以外をこすることから始めます。湯や水をすくうのも難しいのですが、砂や小豆を両手ですくう練習をすると動きがわかりやすくなります。

手の動きは小さくなりがちですので、声かけや介助で「大きく」動かすことを促していきましょう。これらに慣れたら、「ほっぺた」「おでこ」「目の上」「鼻」「口」「あご」など体の部分ごとに細かくこすることも教えます。

思春期を迎える頃には、ニキビが出てきたり小さい頃以上に清潔に気をつける必要が生じます。その頃までにはせっけんで顔を洗えるようになじませておきたいものです。また忘れやすいのですが、洗った後にしっかりふくことも教えたいものです。洗顔や手洗いの後に、ふくことが不十分なためにしもやけになってしまう人がいます。

旅先でお風呂に入る

脱衣場で自分でやる

脱衣場での行為は、単に衣服の脱ぎ着をすればいい、というわけではありません。合宿などで子どもとお風呂に入ると、衣服を脱ぐだけで立ちつくしている子がいます。脱いだ服と着る服の区別がつかずに前と同じ服を着てしまう子がいます。汚れ物の始末がわからない子、下着を始めとして、脱いだ物を散らかしてしまう子などさまざまです。

技能に加えて、「どうするのか」という判断が求められ、難しいことです。でも日頃の生活のなかで、どこで体をふくのか、脱いだ服や着る服をおく場所を決める、汚れた下着や靴下の始末を自分でさせるなどして、子どもに教え任せていく場面を広げていきたいものです。技能が確実になったら、大人の手助けを減らして、頭を使わせていくことです。

立ち居振る舞いを教える

体や髪の毛を洗う技能はあっても、周囲の人にお構いなしに立ってシャワーを浴びたり、シャワーの調節をせずに勢いよく湯や泡を人にかけてしまう子がいます。周りを意識しにくい子に多いのです。

こういう場合は、立ち居振る舞いそのものを教えます。シャワーは中腰で浴びること、手桶で洗い流す部分を意識して湯をかけること、シャワーを使う時はいきなり栓をひねらないで、手で持ってから行なうことなどです。隣にいる人（介助者）に湯や泡をとばしてしまったら「バツ」とはっきり知らせたり、終わった後、泡で汚した壁などを自分でふかせることなどが、効果があります。

立ち居振る舞いについては、「いくら言ってもわからない」とあきらめかけている場合が多いのではないでしょうか。言葉だけではなく、実際の動きや本人にわかる目安を探して練習してみましょう。練習は家庭のなかで少しずつです。

将来、みんなと暮らしていく時これらが身についていると、安心して外へ送り出せます。互いに気持ちよく、リラックスしてお風呂を楽しめますように。

チェック表：お風呂のことも自分でやろう

◎体を洗う。

A 一部分をなでる。（当てるだけ・力が入らない）

B 一部分を自分で洗う。（見える部分や、手の届く範囲・まねしてこする）

C 一通り洗う。（首、肩、脇、ひざ裏など細かい所に洗い残しがある）

D 力を入れて全体を洗う。

◎髪の毛を洗う。

A 一部分をなでる。（頭頂部など）

B 一部分をこする。（指を立てる）

C 一通り洗う。（耳の脇、前髪、生え際など細かい所に洗い残しがある）

D 力を入れて全体を洗う。

◎顔を洗う。

A 顔の一部分を水につける。（なでる）

B 顔の一部分をこする。

C 全体をこする。（目の周り、口の周り、小鼻など細かい部分は不十分）

D きれいに洗う。（せっけんも使える）

A	B	C	D	A	B	C	D	A	B	C	D

段階　1

段階1（Aに✓をつけた人）

大人が全面的に介助している段階。

まずは慣れさせましょう。やれることから少しずつ子どもにも参加させます。

段階　2

段階2（B以降に✓をつけた人）

一部自分でする、またはしようとする段階。

大人が手を添え、動きや力の入れ方を教えていきます。徐々にこすれる部分を増やしていきましょう。

段階　3

段階3（C以降に✓をつけた人）

主な所を自分で洗う段階。

一定の手順で一通り洗うように目指しましょう。

模倣させたり、絵カードで示したり、言葉で確認したりして教えます。

段階　4

段階4（Dに✓をつけた人）

おおむね自分で洗う段階。

本人にまかせつつ、洗い残しの部分を気づかせましょう。

段階　5

段階5（✓のない人）

自分で洗う段階。

使った洗面器を片づけたり、周りの人への配慮など気配りの仕方も教えましょう。

お母さんにインタビュー：清潔を教える大切さ

Q１：『清潔』についてお母さんが気をつけていることをお聞かせください

清潔で身ぎれいな様子は、人によい印象をあたえるという点でとても大切なことだと思います。障害があるからといっておろそかにせず、むしろ人一倍気を使って育てていきたいと考えています。

Q２：教えるうえで大変だったことは何でしょう？

手洗いや入浴などきれいにするという本来の意味がわかりにくいことです。

始めは、手を添えて「こうするんだ」と形から教えました。それから私がやっている様子を模倣させ、やがて声をかけるだけでできるようにと少しずつステップをきざんで取り組みました。

今は、形としてはできるようになってきたけれど、しっかり力をこめて体を洗うなどというような、手指の使い方をどう教えようか、考えています。

身につくまでの時間がかかると考え、他の子どもがやっていなくても早い時期から教えていきました。

Q３：教える段階で必要な、模倣の力を高めるための取り組みについてお聞かせください

「まねしましょう」といってもできるものではないので、たとえば一緒に体操をする時に声をかけると同時に動いて見せたりしました。

また、最近テレビを見ながらまねをしようとしてることもあります。まねをすることが楽しくなったようです。そんな時は、私も一緒に踊って見せたりしています。左右の動きを区別したり、リズム感も身について模倣の力が上がったことを感じています。

Ｑ４：体を洗う時などの力の入れ方をどのように教えていますか？

指先に力を入れるということは清潔面の取り組みだけではないと考えます。鉛筆を握ったり、細かい作業で物をつかむなど、手指を使う経験をたくさんつむことで培われていくものだと思います。体を洗うことに関しては、時々私が子どもの体をギュッギュッと洗って、子どもがなでるように洗う感覚との違いが、肌に伝わるよう教えています。

Ｑ５：これからの清潔面についての目標は？

将来的にはすべて一人でできることが目標です。今一番に取り組んでいるのは、自分で判断する力をつけるということです。体を洗う時は数を数えて目安にしていますが、十回こすったからといって汚れが落ちない場合もあり、判断力を身につけるということはとても大切だと思います。歯みがきでまんべんなく洗う、両手で水をうけて顔を洗うことも教えていきたいことです。また、鼻水がでそうな時は自分で気づいて鼻をかむこともできるようになってほしいと思います。男の子ですから自分で髭をそったり、爪を切ったり、必要なことを自分でできることを、めざしていきたいと考えています。

事例

手の平と手の甲を洗えるようになったG君

六歳のG君は元気いっぱいの男の子、手を洗う習慣は一応ついたけれど、いつもお情け程度にチョンチョンと手を濡らすだけでした。好奇心いっぱいの彼は、お母さんの夕食の支度に手を出したくて仕方がありません。でも手の洗い方がこんなにいい加減では何もさせられません。G君の場合「お料理を手伝いたいのなら」ということがきっかけとなって、手洗いの練習に再び取り組み始めました。

具体的なやり方は、まず手順を六つに分け、言葉がけと模倣でそれぞれをこすらせました。一番目はせっけんをつける、二番目は手の平を、三番目は手の甲を、四番目は両手を組んで指の間を、五番目に手首を、そして最後はせっけんを洗い流します。せっけんのつけ方や洗い落とし方が不十分なため、手を添えてさせる部分もありました。

始めは、お母さんの厳しいチェックがあるので渋々やっていたG君。でもやり方の手順を覚えてからは、自分で「一番～二番～」などと言いながら面白がってやるようになりました。また彼は手洗いを身につける過程のなかで、「洗う―ふく」「きれい―汚い」「指の名前」などの言葉にもなじみました。大人が意識して使うことで、生きた言葉を教えられるのです。

事例

歯ブラシに慣れてきたＨちゃん

五歳のＨちゃんは、触覚防衛が強く、特に首の周りや耳などに触れられるのが苦手な女の子。毎日の歯みがきはとても嫌がり、お母さんは彼女の上半身を押さえ込んで口の中に指を入れている状態でした。Ｈちゃんはこの過敏さがあるために、他にも帽子をかぶったりマスクをつけることが嫌いだったり、また夏場はタオルケットの感触が耐えられなくて、かけて寝ることができなかったりで、生活面へのいろいろな支障が出ていました。

少しずつでも苦手な感触に慣れていくために、Ｈちゃんのお母さんは次のことを行ないました。まず朝の着がえ時に乾布摩擦をしました。体の末端から心臓に向かってタオルでごしごしこすります。それから背中を中心に体のマッサージ、口の周りを大人の指でもむマッサージも行ないました。帽子やマスクは歯みがきほどは嫌ではなかったので、散歩の時や料理のお手伝いの時に練習としてつけさせました。

彼女にとっては嫌なことなので抵抗をするのですが、お母さんはやり終えたらにっこり笑顔でほめてあげて、毎日たんたんとくり返しました。するとＨちゃんの抵抗感も徐々にうすれてきました。嫌なことには違いないけれど、帽子やマスクをつけ続ける練習をしたり、タオルケットも昼寝時には使うなどして、苦手な触覚にも徐々に慣れてきました。歯みがきの方は、指なら口に入れられる、指でこすれる、歯ブラシを入れられる、歯ブラシでこすっても平気というように状態が変わってきました。小学校三年生になった今は、自分で歯ブラシを持って少しこする練習をしています。お母さんの地道な取り組みがＨちゃんの体と気持ちに通じたようです。

Q&A

人とやりとりすることの楽しさを伝えるために

Q 私の娘は保育園の年長組です。相談機関で発達検査を受けたところ、軽度の遅れだと言われました。そこでは、嫌がっても「手を添えてやらせていきましょう」と言われ、家での課題として出された運動やお手伝いなどをやり始めましたが、本人の苦手なことなので、やりたくなくて、ワアワア泣いて抵抗します。ところが、父親が仕事から帰ってくると急にニコニコして、泣いて嫌がっていた運動をやりだしたり、反対に気が散って歌い出したりして、なかなか続けさせられなくて、中途半端に終わってしまう毎日です。どうしたらよいかわからず、困ってしまいます。

また、普段はぺらぺらいろいろなことをしゃべるのに、何か質問するとまったく関係のないことを一方的に言うだけだったり、ハサミで自分の好きな形を切っている時に、私が「ついでにこれを切って」と頼むとサーッと逃げて行ったりします。いろいろな言葉が言えるし、ハサミも上手に使えるのに、どうして人とのやりとりにならないのだろうと思ってしまいます。

これから、どのように接したらよいでしょう?

A お手紙を読みながら、娘さんのこと、お母さんの悩みなど、いろいろ考えてみました。一生懸命よいと思うことを実行しようと工夫し、努力していらっしゃるのに、垣根が高くて働きかけを受け入れようとしないし、やりとりが成り立ちにくい娘さん。泣きや歌に逃げ込まれると本当に困ってしまいますね。

このお子さんは、今のところ周りの人達やいろいろな出来事に感心がうすく、自己中心的で働きかけに応じるのは好きではないので、やりとりが成り立ちにくく、どのように接すればよいか迷いますね。娘さんが紙を切るなど好きなことをしている時に、あれこれ言われたりすると「勝手にしたいのに、邪魔されるのはいや」「思い通りに行かない、邪魔だ」と感じて逃げて行き、時にはそれが嫌で泣いたりするのでしょう。言葉もその気になれば使い方も知っていて言えるのに、言われていることに注意を払っていないので、ほとんど聞いていません。心にも響いていないので、聞こえないのと同じなのです。言葉には、合図を送る、心を伝え合う、伝達をするなどの働きがありますが、彼女のなかではそのような使い方がされていないので、さまざまに働きかけ方や接し方を工夫して、「みんなと一緒」が好きな娘さんに育ててゆきたいですね。

今、相談機関で出された運動やお手伝いの課題に取り組み始めているわけですが、「なぜその課題が娘さんにとって必要なのか」をはっきりと把握した上でやっていくことが大切です。宿題だから、と形だけでやっても、お母さんのなかで意図がわかっていないと、泣きや歌などに逃げられるとつい弱腰になって、中途半端で終わることにもなります。運動やお手伝いの目的には、正しい動きを身につけ、手指をしっかり使い、目と手の協応ができるようにするなどの他に、

（１）相手を意識して働きかけを受け入れ、応じる力を養う
（２）人とのやりとりを学ぶ
（３）自分勝手なその時の気分ではなく、目的にあった行動をするようにする

といった社会性を育てることが含まれています。この三点が彼女のもっとも弱いところで、そのために課題になっているのです。

では、課題やお手伝いに取り組むことでどんなことが身につくでしょう。

第一に「相手の言っていることを正しく聞き取り、応じる力」が養われます。始めのうちは、言われているのはどんなことかを、具体的に手を添えながら教えてやっていくと、徐々に教え方がわかるようになります。この時、嫌がっても最後までさせきって終わりにすることがコツ。

二つ目として「がまん強さ、根気よく取り組む力」をつけます。たとえば、腹筋を十回する時、途中で騒がないで十回続けられたらＯＫに。泣きや笑いの逃げに根負けして途中で止めれば、本人は泣けば(笑えば)思い通りになると思い込んでしまいます。

三つ目には、「周りに気を配って、注意深く見たり、しっかり手を使い、集中する力」を養います。先を見通して考え、テキパキと動く力がつきます。娘さんにはハサミを使えるいい手があります。が、自分の好きなことにしか使っていないようです。指示に従わせ手を大いに使わせることで、よく見て切ること、自然な滑らかな動きや集中力も身につきます。

これらの取り組みをする上で注意したいのは、まず、自己流、勝手にさせないこと。娘さんは今までやりたいように過ごしてきたので「勝手にできない、言われた通りにしなければならない」ことは必死で抵抗して何とか思い通りにしよう、面倒なことは避けて通ろうとがんばるでしょう。でも、彼女に振り回されず、お母さん自身揺れ動かないで「言われた通りにする」よう仕向けます。させる時はていねいに、きちんと始めから正しいやり方を教えること。抵抗にめげずに終わりまでさせてうんとほめ、達成感を味わわせてあげてください。手伝いは彼女が責任を持ってするものを選ぶといいと思います。途中で集中が切れそうな時は、切れてしまう前に引き戻して、続けられるようにしてあげること。

以上、課題に対する考え方や取り組みにあたっての注意点、心構えなどについて申し上げてみました。これらを参考に、目的、意図を踏まえて、ご自分の生活やペースに合わせ、毎日取り組んでいく工夫をなさるとよいと思います。やり始めたことは毎日続けることです。その日の気分や思いつきでは、やっても身につかないし、積み重ねられず、いたずらに抵抗を強めるだけなのでご注意を。

最後に、課題にプラスするとよいメニューを参考までにいくつかあげてみます。

◎**外出**　スーパーへ買い物に行く。店内をかけ回ったりさせないで、お母さんの言う品物をかごに入れさせたり、一緒にかごを運ばせる。

電車やバスに乗って出かける。公共の場でのマナーを守らせる。「人と一緒」の意識を持たせる。公園で遊ぶ。順番を守る。さまざまな遊びや遊具を経験する。よその子とのからみ、刺激も受けられます。

◎**料理**　簡単なおやつ作りは、お母さんの話を聞き、集中して、手や足・目を使い、考える、に加えて、食べる楽しみがあってもいいものです。　（神田　武子）

Q&A

社会で生きるために必要なこととは

Q 十一月で三歳をむかえるA君が、私ども療育機関へ通ってくるようになってから、約二カ月がたちました。お母さんは、彼の「言葉のおくれ」「やれる力があるのに、興味がないことだと嫌がってやらない」「子ども同士で遊べない」などの悩みを持って来所されました。

現在は、人とのやりとりの基礎となる「聞く構え」を育てることを目標に、号令に合わせて自分の身体を目的的に動かす「運動」、協応動作、手指機能の訓練も併せてねらいとした「生活習慣」などを主にしたプログラムを行なっています。

A君は徐々にですが成長し、大人とのやりとりを楽しむことも増えてきました。歌に合わせた手遊び、号令をよく聞いて動く、見てまねをする、など少しずつ上手になっています。

以前は、「働きかけるに応じる」ことを、泣いて嫌がったり、座りこんで動かなくなることもありましたが、現在はそうした行動もグンと少なくなっています。

お母さんも、家でまだ見え隠れする、大きな声で泣き騒ぐ、嫌がって動かない、などの行動を許さない態度で奮闘していますが、なかなか大変なようです。毎日の買い物に連れて行かざるを得ないのですが、必ずパン売場にとんで行ってしまい、買わないと大泣きをして騒ぐ、放って置くとパンを取って外にとび出す。そこで結局根負けして、買ってしまう、というくり返しになってしまいます。

大人が困ってしまうような場面で、思いを通してしまうこのような彼の行動に対して、どう対処して

いけばよいのか、具体的なアドバイスと、今後の指導のポイントなど、ご意見をお聞かせください。

A　まず、パン売場でのA君の「思いを通そうとするあの手この手」の行動についてですが、最初お母さんは「買わないよ」という意志表示をするのでしょうね。そこでA君は、待ってましたとばかりにひっくり返って大泣き、それでも思いが通らないとみると、パンを取って外にとび出す、という実力行使。そしてついにA君の思いは達成、ということなのでしょう。

お母さんも、なんとかしなければと一生懸命で、A君がひっくり返って大泣きしても、妥協しないで（以前はそうされたら大変、とA君の要求通りに応じていたのでしょうから）がんばっておられますが、今まで思い通りに要求が通ってきたA君は、なかなかその居心地のいい手段を捨てようとはしません。ひっくり返って大泣きしても駄目なら次の手、とアタマを使って、「目標達成」のための手段を講じています。

今が「勝負どき」ですね。ここでお母さんが、「やっぱり駄目だ」とあきらめてしまったら、A君は何を学ぶでしょう。ほしいと思う物を手に入れるためにも、嫌なこと、やりたくないことから逃げるためにも、すべてこの手を使ってすませてしまうでしょう。

人が自分に向かって言っている言葉に、注意を向ける必要もないし、人に自分の思いを伝える必要もない。そういうことが必要な世界は拒否してしまう、ということになっていくでしょう。

先生の所では、泣き叫ぶことも座りこんで動かない、という手段も通用しない、と納得したところから、A君の目も耳も、外の世界にむかって動き始めたのです。

先生とA君の関係は、最初から方向を目指して始まっていますから、彼の「納得」も早かったわけですが、お母さんと彼の関係は、「ボクの思い通りになる」という関係を、せっせと三年近く学ばせた後での切り替えですから、そう簡単にはいかないわけです。それをまずお母さんは、頭に入れておく必要がありますね。

それと、こうした要求手段を、彼のためにどうしてもやめさせたい、という固い決意が必要だと思います。

A君は、療育の先生とのやりとりのなかでは、この手段が通用しないということを、わずか二カ月で学んでいるのです。しっかりと、「わかる力」を持っている子です。

こういう手段の有効性(?)を六年も七年も学んでしまった子の改善は至難の業ですが、A君はまだ、たったの二年、変えていく時間も短くてすみます。

前段が長くなりましたが、具体的な手だての前に、「なぜ、そうするのか」の意識が大事だと思うので書きました。

さて、具体的にはどうするのか、ですが、

①お使いに出かける前に、「今日はパンは買いません」と、彼と向かい合って、しっかりと言いきかせる。

②パンやさんにかけ込もうとする彼の手を、すかさずつかんで、「今日はパンを買わない！」と、きっぱり言う。

③そこで彼が、ギャーと泣き出したら、小脇に抱えてでも(まだチビさんなのですから、できますよね)通り過ぎる。

④他の買い物ができなくても、その日はありあわせの品で済ます。

⑤家に帰っても泣き叫んでいたら、ご機嫌をとったり、叱ったりしないで、心ゆくまで泣かしておく。

⑥泣きやんだところで、「Aちゃんはいい子だねえ」と、抱っこしてあげたり、相手をしてあげる。といったやり方を、根気よくくり返すと、やがて彼はパンやさんの前も泣かずに通るようになるでしょう。泣いている子を抱えて歩くと、行きかう人々の注目をあびるでしょうが、まだ小さいA君ですから、周りの目も寛大なはずです。

「もう大丈夫」となったら、時には「今日はパンを買うよ。Aちゃんは、どんなパンがいいかな？パンやさんで見てみようね」などという日も作りましょう。

「お母さんは今日、パンを『買う』っていってるのか、『買わない』っていってるのか」と、彼の耳はお母さんの言葉に集中するようになります。お母さんの表情とか身体全体の動きとかに、彼の目は動くようになります。彼の心が自分をとりまく状況や、人に向かい始めます。

「パンやさん」は、一つのきっかけです。人とのやりとりの世界へ踏み出す、突破口です。子どもは大きくなるにつれ、少しずつ、複雑な人とのやりとりの世界へ出ていきます。そのための力を子どもは学び、育てなければならないし、親にはそれを学ばせる責任があります。

「社会」で生きるために、何が必要なのかを、まず大人の側がじっくり見つめ、それを根気よく働きかけていきましょう。（石井　葉）

発達協会のご案内

社団法人　精神発達障害指導教育協会（略称・発達協会）
〒115-0044　東京都北区赤羽南2-10-20
TEL　03-3903-3800
FAX　03-3903-3836
URL　http：www.hattatsu.or.jp

●いのちを守り、育て、充実させるために

発達にハンディキャップを持つ人たちの、さまざまな形での自立を促すことを目的として発達協会は設立されました。
発達にハンディがあるといってもその内容は多様です。しかし一人ひとりのハンディキャップは確実に存在し、科学が進歩してもまだそれをなくせません。
ハンディキャップを背負いながら、今日もその重みを、本人と家族がにない歩いています。それを少しでも軽減したい、そして、持てる力を十分に発揮してもらいたいと、私たちは願っています。発達協会は特定の主義や立場をこえ、ハンディキャップを持つ人びとをみんなで支えあい、その有無に関わらず、人が人として認められる世界がくることを求めながら、日々の活動を行なっています。

●多彩な活動でバックアップ

指導科　「ひとりでできる」をめざして

人とやりとりできる力をつけるために、子どもにあわせてマンツーマンでの指導やグループ指導を行なっています。療育には、600名近くの幼児から青年までの子どもたち、人たちが園や学校などに在籍しながら通って来ています。

神谷指導室　（頻度　週に1回）

幼児から高校生までの北区・都内在住の方で、身辺自立や運動、認知・言語などそれぞれの子どもにあった目標を、家族とともに考えながら指導を行なっています。

南　指導室　（頻度　月に1回）

年齢や地域などの制限はありません。幼児から青年までを対象に、「保護者が変われば子どもも変わる」をモットーに、個別指導とグループ指導があります。

王子指導室　（頻度　週に1回や月に2回など）

幼児から中学生まで。身辺自立の指導のほか、運動、認知、言語、作業、社会性の課題にとりくんでいます。

赤羽指導室（頻度　月に2回）

幼児から中学生までのＡＤＨＤ・ＬＤ・アスペルガー症候群などの適応に困難を抱えている子どもたちを対象にしています。

医療科　信頼されるホームドクターとして

ご家族と一緒に考えながら必要な医療を提供しています。気軽に相談できるクリニック、子どもが大人になっても通えるクリニックとして、子どもたちの健康と発達を、そして、青年たちの充実した生活を応援したいと思っています。

発達協会 王子クリニック

院長　石崎朝世

〒115－0044　東京都北区赤羽南2－10－20

ＴＥＬ03－3903－3311

ＦＡＸ03－3903－8866

診療科目　小児科・内科・神経科・児童精神科

開発科　車の両輪をめざして

出版物や研修会などをとおし、間接的に知識や情報などを多くの方々にお伝えする部門です。月刊誌『発達教育』は、20年間にわたって読み続けられています。書籍の出版点数は30点を越えました。このほかに、ビデオ教材なども制作しています。研修事業は「夏の実践セミナー」「実技講座」「言語聴覚関連公開講座」を三本柱としています。セミナーなどには、学校、福祉施設、園、医療機関などで働く、さまざまな専門職の方々が、全国から参加されています。

●発達協会と関連の活動

社会福祉法人さざんかの会　ワークハウスペガサス

青年期事業の一つである作業所です。

スーパーイクウォール

職員有志によって設立されました。知的障害を持つ方の働く場、実習の場となっています。

著者紹介

石井　葉（いしい　よう）
（社）発達協会　副理事長
練馬区・港区保育園巡回相談員

辻　滋子（つじ　しげこ）
（社）発達協会　療育相談員
目黒区・葛飾区保育園巡回相談員

神田武子（かんだ　たけこ）
元・（社）発達協会　療育相談員
元・墨田区保育園巡回相談員

湯汲英史（ゆくみ　えいし）
早稲田大学第一文学部心理学専攻卒
（社）発達協会　王子クリニック心理・言語室、同協会常務理事、
早稲田大学非常勤講師、練馬区保育園・学童保育巡回相談員
言語聴覚士・社会福祉士・精神保健福祉士

武藤英夫（むとう　ひでお）
早稲田大学第一文学部心理学専攻ならびに修士課程修了
（社）発達協会　第一指導科科長
目黒区学童保育巡回相談員
言語聴覚士・社会福祉士・精神保健福祉士・臨床心理士

田宮正子（たみや　まさこ）
学習院大学文学部心理学科卒
（社）発達協会　第三指導科王子指導室係長
葛飾区学童保育巡回相談員
言語聴覚士・社会福祉士・精神保健福祉士

イラスト：川口圭子・田中亜古

発達につまずきを持つ子と身辺自立

2013年 5月9日　10刷発行
<検印廃止>

著　者　湯　汲　英　史
　　　　武　藤　英　夫
　　　　田　宮　正　子
発行者　島　崎　和　夫

発行元　株式会社　大　揚　社
〒270-1108 千葉県我孫子市布佐平和台3－5－2
☎04－7169－2341　FAX 04－7189－1154
発売元 株式会社　星　雲　社
〒112-0012 東京都文京区大塚3－21－10
☎03－3947－1021　FAX 03－3947－1617